CD-ROM
付き

子どもの力が
伸びる

1歳児の保育
12か月

横山洋子［監修］

ナツメ社

はじめに

新しいクラスの担任になった際、ワクワクと同時に、1年間どのように保育していけばよいのかと一抹の不安がよぎるでしょう。子どもたちの1年間の発達を見通して、どの時期に何を育てていくのかを考え、発達に必要な経験ができるように環境を整えなければなりません。

　ご安心ください。本書は、そのような保育者のみなさんのご要望に応えるために登場しました。まず1歳児の1年間をざっと見通し、指導計画の立て方も、ていねいに解説しました。それから月ごとの子どもの姿や保育のアイデア、あそびを載せています。さらに、子どもへのことばかけや保護者対応についても、エッセンスを取り上げました。

　特に大切にしていただきたいのが、子どもの育ちの読み取りです。ぜひ、クラスの子どもの姿を記録し、何が育っているのか、今後はどのように援助していきたいかを書いてみてください。必ず保育力がアップします。

　本書が、保育者のみなさんの助けとなり、クラスの子どもたちの笑顔につながることを願っております。

横山洋子

もくじ

Part 1 クラスづくり

10月～12月

1月～3月

Part 2 保護者対応

Part 3 指導計画

Part 4 クラス運営のヒント

本文デザイン ·············· 秋生浩二、野村友美(mom design)
本文DTP ················· 有限会社エムアンドケイ
型紙作成 ················· 株式会社奏クリエイト
データ作成 ··············· 有限会社エムアンドケイ
CD−ROM作成 ············· 株式会社ライラック
編集協力 ················· 株式会社スリーシーズン、山縣敦子、森田香子、
　　　　　　　　　　　　　 伊藤恵利子、株式会社鷗来堂
編集担当 ················· 遠藤やよい(ナツメ出版企画株式会社)

　付属CD-ROMには、年間指導計画・個人案のほか、おたよりに使える
テンプレート、イラスト、文例、製作あそびや壁面かざりの型紙を収録。
使用される前に289ページの「CD-ROMをご使用の前に」を必ずお読み
ください。「CD−ROMの使い方」は、CD−ROM内のPDFでご確認いた
だけます。

「1歳児の保育12か月」でレッツ保育！

この1冊で1歳児はおまかせ！

この1冊さえあれば、1歳児クラスは大丈夫！　この本の使い方と、1歳児の保育の基本を紹介します。

1歳児の担任になったなら、まずは1歳児の発達段階を確認する必要があります。おおむね1～2歳の子どもの発達を把握し、子ども一人一人の育ちを見つめましょう。→14ページ

乳児期に特に気になるケア、生活の過ごし方についてていねいに解説。集団生活のなかで気をつけたいこと、自立に向けた援助の方法がわかります。→22ページ

特に注目したいのが「1歳児のケア＆生活」

そして「0.1.2歳児 保育のキホン」だワン！

現場に沿ったシーンでわかりやすく説明しているワン！

指導計画の立て方は6ステップでOK！

キホンもしっかり！

6ステップでわかる！

製作アイデアもすぐに使えるわね！

かわいい＆わかりやすい

1歳児にも楽しめそう！！

 ### 保育のキホン

愛着関係や養護と教育についてなど、保育をする上で知っておきたい基本をおさらい。「3つの視点」「5領域」「10の姿」についての理解も深まります。→34ページ

 ### 指導計画

子ども一人一人の発達を保障し、主体的な活動を支援するための方針が指導計画です。各項目に何を書くか、わかりやすく解説しています。→38ページ

 ### 製作・壁面かざり

発達に合った製作あそびを活動に取り入れて、指先を動かすあそびを充実させて。また、室内を楽しく彩る季節の壁面かざりもおすすめです。→44ページ・52ページ

Part1では
毎月の保育に役立つ
情報を月ごとに
掲載！

各月のあそび

各月で取り入れたいあそびアイデアを掲載。全身を動かせるあそびや友達と関われるものなど盛りだくさん。

見通し・環境・援助

1年を4期にわけ、見通しをもった保育をするためのポイントをまとめました。1歳児ならではの環境、援助の情報もたっぷり！

手あそび・うたあそび

1歳児にぴったりの手あそびやうたあそび。子どもの発達に合わせ、いっしょにあそぶことができます。

これなら
迷わずに
1歳児の保育が
できそう！

1歳児の生活や
あそびの援助の
しかたが
満載ワン！

読み取ろう 子どもの育ち

あそびや生活のシーンから、子どもの育ちを読み取りました。どういった視点で子どもを見守ればよいか参考になるはずです。

環境構成＆援助

保育者は、ねらいに即した環境を構成し、必要な援助をします。子どもの主体的な活動をいかに引き出せるかがポイント。かける言葉もとても重要です。

あそびアイデア

乳児期の子どもはあそびの中で成長し、必要な力を獲得します。歩行が始まり、少しずつ言葉も獲得するといった発達に合ったあそびを活動に取り入れましょう。

子どもの育ちの読み取り

子どものあそぶ姿、生活のなかでの姿を広い目でとらえ、その子の成長の節目をキャッチしましょう。育ちの芽は、どのシーンにも必ずあります。

Part2 では連絡帳をメインに保護者対応を詳しく掲載！

> わかりやすい！

> これは安心ね!!

連絡帳

保護者との連絡ツールである連絡帳の文例を17本掲載。書くときの参考になります。

Part3 では年間計画・個人案をたっぷりと!!

指導計画

指導計画をたてる際に役立つボリューム感！「内容」には関連する5領域を入れました。

Part4ではおたよりイラストと文例を月別に用意したので活用してほしいワン!!

> まるっと1冊で1歳児クラスのクラス運営に自信がつくよ！

おたより

各月のクラスだよりなどのおたよりで使えるイラストが満載。文例もあるのでかんたんにおたよりを作ることができます。

 保護者対応

保護者と保育者は協力し合い、子どもの育ちを喜び合える関係でありたいもの。さまざまなタイプの保護者への対応をチェックし、よりよい保育につなげましょう。→211ページ

 年間計画・個人案

指導計画はクラス運営の基本。年間計画を立てた上で月案→週案→日案と、より具体的に考えます。各園の方針や環境、子どものようすに合わせて立案します。→227ページ

 おたより

おたよりは家庭へ情報を伝える大切なツールです。保護者にとってわかりやすく、思わず読みたくなるおたよりを作りましょう。→259ページ

0〜2歳児の発達を知ろう

※発達には個人差があります。この表は目安です。

体の発達

0か月

運動機能
- 腹ばいで頭を持ち上げる。

食事
- 個人差はあるが、2〜3時間おきに、1日7〜8回ミルクを飲む。

排泄
- 授乳のたびに排尿があり、おむつが濡れたことを感じて泣く。

3か月

運動機能
- 首がすわり始める。
- 手にふれたものを握り、口に運んでなめて確認する。

食事
- 授乳間隔が定まり、1日5〜6回の授乳になる。

心の発達

0か月

人間関係
- 眠っているときに、微笑んでいるような表情を浮かべることがある（自発的微笑）。
- 空腹など不快な状況を、泣くことで周囲の人に知らせる。

あそび
- 動くものを目で追う、音のするほうを向く。

3か月

人間関係
- あやされたことに反応して笑う、社会的微笑が始まる。
- 人の識別ができ、特定の人からの関わりに、声を発して反応する。
- 「いないいないばあ」や「たかいたかい」などの関わりを楽しむ。

あそび
- ガラガラなどを持たせると、しばらく持っていられる。
- 自分の手をじっと見る（ハンドリガード）。

発達を押さえた関わり

愛着関係を育む

授乳・おむつ交換・入眠などの日常生活の関わりの中で、抱っこされたり、話しかけられたり、あやされたりする経験を繰り返すうちに、その心地よさを感じていきます。欲求や不快を泣くことで表したり、心地よさを微笑みで表したりする子どもに、保育者が応答的に関わることで愛着関係は育まれます。不快を表したあとに、気持ちのよい感覚が味わえるよう、言葉をかけたり抱っこしたりします。

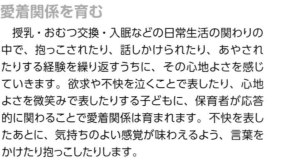

6か月

- 寝返りができ始める。
- うつぶせの姿勢で体をささえることができる。

- スプーンで湯冷ましなどを飲めるようになる。
- だ液腺が発達し、よだれが多くなる。

- 睡眠のパターンに昼夜の区別がつくようになると、睡眠中の排尿が減り、起きているときの排尿の回数が増える。

- うつぶせからあお向けなど、姿勢をかえることができる。
- 両手でささえながらおすわりができる。

- 下の歯が生え始め、離乳食が始まる。

- おなかを床につけ、腕で進む「ずりばい」ができる。
- おすわりが安定し、座りながら物をつかんだりする。

- 特定の人に対して笑顔を見せるが、見慣れない人の顔はじっと見る。

- 自発的に手を伸ばして物をつかみ、ふれてあそぶ。
- 手や物を口に運び、なめて確認する。

- 人見知りが始まる。
- 自分から相手を呼ぶような声を出す。
- 親しい大人が手を差し伸べると、喜んで体をあずける。

- 模倣あそびを楽しむようになる。
- 手でつかんだり引っ張ったり、つかんだ物を離したりする。

- そばにいた人がいなくなると泣く。
- 喃語で大人とやり取りをする。
- 「不快」が「怒り」や「嫌悪」、「恐れ」に分かれていく。

- ずりばいで、興味のあるところへ行く、ほしい物をつかむ。

人見知り

　知らない人が近づいてきたり、抱っこしようとしたりすると嫌がる姿を見せる、人見知りが見られる時期です。知っている人と知らない人を見分ける力が備わり、家族や特定の保育者など「安心できる人」と愛着関係を築く一方で、「安心できるかどうかわからない人」に対する不安が生じます。保育者は「大丈夫よ」「○○さんだね」などと伝え、温かな表情で対応します。

社会的参照

　初めての人や場所、初めての玩具など、初めての場面において、子どもは大人の表情や発話の雰囲気から、大丈夫なのかどうかを確認します。初めて保育園に登園する日など、保護者の不安が子どもに伝わらないよう、保育者と保護者が和やかな雰囲気をつくり出すと良いでしょう。

9か月 ／ 11か月

体の発達

運動機能

9か月
- 両手とひざを床につけた「四つんばい」ができる。
- つかまり立ち、つたい歩きが始まる。
- 座位からつかまり立ちへ、立位から座位へなど、姿勢変換ができる。

11か月
- 物をつまむ、のせる、入れる、くっつける、相手に渡すことができる。

食事

9か月
- 上の前歯が生え、口を上下に動かして食べる。

排泄

9か月
- おしっこの回数が1日10〜15回くらいになる。

11か月
- 尿が膀胱にたまった感覚を感じられるようになり、声を出して知らせたりする。

心の発達

人間関係

9か月
- 個人差はあるが、人見知り、後追いが激しくなる。
- 声を出して大人を呼ぶ。
- 欲しいものがあると声を出し、手や指を向けて示す。
- 禁止やほめられた言葉がわかる。
- 大人の言葉をまねする。

11か月
- あそんでいたおもちゃを取られると、泣く。
- 「○○したい」など欲求はあるが、言葉では伝えられず、理解してもらえなくて歯がゆい思いをすることがある。

あそび

9か月
- 読み聞かせに興味をもつ。
- 一人で座っておもちゃを手に持ってあそぶ。

11か月
- スイッチやボタンなど、押すと変化が生じることに気づき、繰り返し楽しむ。
- 「ばんざい」や「バイバイ」など、言葉と結びつけながら大人の動きを見てまねる。

発達を押さえた関わり

後追い（あと お）

　大好きな人の姿が見えないと不安を感じて泣いたり、追いかけていこうとしたりする「後追い」が見られます。複数の子どもを担当している保育園では、食事のしたくや着替えなど、順番に対応していくこともあるでしょう。「待っててね」「○○持ってくるからね」「すぐに戻るよ」など、安心感を与えるような声を、具体的にかけます。

探索行動（たんさくこうどう）

　はいはいができるようになると、自分の行きたいところへ自分の力で行くことができ、探索範囲が広がります。安全に配慮しながらも、興味・関心をひき、おもしろさや不思議さのある環境が求められます。例えば、なだらかな斜面や段差、くぐることのできるトンネルや隠れる場所などは、子どもの能動性の発揮も促します。

1歳

- 自力で床から立ち上がることができる。

- 手づかみで食べることができ、自分で食べる。

- 一人歩きが始まる。
- 親指と人差し指で物をつまむ。

- やわらかい物をかみ切るようになる。

- 排泄のときにいきんだり、排尿のときに立ち止まったりする。

- 物を持ったまま立ち上がる。
- ひものついた玩具を引っ張りながら歩く。

- 好き嫌いがでてくる。

- 声や身振りを用いて、意思表示をする。
- 得意がる、照れる、可愛がるなどの感情を示す。

- 初めての言葉（初語）が出る。
- 友達に関心を持ち始める。
- 指差しなどを用いて大人と物を共有する（三項関係）。

- 「いや」と言うようになる。
- 大人からの言葉による簡単な指示が理解できる。

- 積み木をつかむ、並べるなどしてあそぶ。

- 歩くことを楽しみ、押し車などを使って歩きながらあそぶ。

- 曲に合わせて体を揺らす。
- 絵本に興味をもち、めくったりする。

三項関係（指差し、共同注意）

　言葉で要求を表すことができない子どもにとって、指差しは要求を伝える重要な手段です。子どもの興味を共感的に受け止め、言葉を添えることで、物と言葉、言葉と意味がつながっていきます。子どもと目線を合わせ、同じ物を共有するときに、子どもの感じている世界に言葉を添えるようにしましょう。

言葉

　初めての言葉が出る時期は、喃語を使った表現から、単語ひとつで言いたいことを表す「一語文」の時期に差し掛かります。子どもの発話に応じて言いたいことを繰り返したり、例えば「チョウチョウ」という発話に対して「チョウチョウね、飛んでるね」など子どもが伝えたいことを言葉にしたりして、ていねいに対応しましょう。

1歳3か月

体の発達

運動機能

- 一人歩きが安定する。
- 車のおもちゃを手で動かす。

- 階段をはいはいで上がり下がりする。

- 物や道具を操ることができるようになり、クレヨンを打ちつけてなぐり描きをする、積み木を2～3個積み上げるなどする。

食事

- コップで飲めるようになる。

- スプーンで食べることができるが、うまくすくえないこともある。

排泄

- 排尿の感覚がわかり、排尿したことや排尿したいことをしぐさや言葉で伝えることがある。

心の発達

人間関係

- 自我が芽生え始め、自己主張が強くなる。
- 簡単な問いかけに答えられる。

- ほめられると同じことを繰り返す。
- 「自分のもの」という意識が生まれる。
- 大人の言葉をまねする。

- 感情が発達し、気持ちをストレートに伝える。

あそび

- すべり台など大型遊具であそぶ。
- シール貼りなど、親指と人差し指でつまんで貼る。

- ボールを投げたり、蹴ったりし、それを追いかける。

- 型はめ、積み木、穴にボールや棒を入れる遊びなど、一人あそびをする。

発達を押さえた関わり

自我の芽生え（じがのめばえ）

　自己主張が激しくなり、「自分で」「ヤダ」が多くなり、自分で何でもしたがるようになります。やりたい気持ちはあっても、体の機能が追いついていないなど、もどかしさを味わってイライラすることもあります。「もっとやりたいね」「自分でしたいのね」と、子どもの気持ちを受け止め、選択肢を用意する、具体的な解決策を考えるなどします。

「ジブンデ」

　子どもの「ジブンデ」は主体的な自己の表れですが、一方で生活を営む上ではいつもそれが受け入れられるとは限りません。そのような時でも、子どものやりたい気持ちに共感し、できたことは認め、励まし、子どもが自分で決めた責任を感じられるようにしましょう。

1歳6か月

- 小走りができるようになる。
- 手すりを持って1段ずつ階段を上下する。

- 歩行が安定し、方向転換、速度の調整ができる。
- 低い段差から飛び降りる。

- しゃがんだ姿勢のままあそぶことができる。

- 離乳が完了する。
- こぼすこともあるが、スプーンを使って食べられるようになる。

- お椀を持って飲む。

- 食事の時間になると促されてすわり、準備を待つことができる。

- 排便したいことがわかり、テーブルなどにつかまっていきんだりする。

- トイレやおまるに興味をもつ。

- 「自分で」が強くなる。
- 発語数が増え、語尾の抑揚で肯定や疑問を表す。
- 「これ」「あれ」などの指示語や「ちょうだい」などを用いて、欲求を言葉で伝える。

- 思いを言葉で伝えられず「かみつき」が生じることがある。
- 二語文（に ご ぶん）を用いて会話をする。

- 大人からの言葉による指示に行動で答える。

- 見立てるあそびが始まる。

- ボールのやりとりができる。
- クレヨンなどを持って点を描いたり、腕を動かして線を描いたりする。

- ままごとのような再現あそびをする。
- 絵本の中の簡単な繰り返しの言葉をまねする。

かみつき

　思っていることを言葉で表すことがまだまだ難しい時期には、「おもちゃを取られて嫌だった」「あそびを邪魔された」など、理由を伝えることができずに感情が高まって、かみついてしまうことがあります。かみついた理由を探りつつ、かみついた子、かみつかれた子それぞれの気持ちに寄り添います。また、環境や保育の流れ、それに伴う保育者の動きなど、かみつきを防ぐことができる配慮を考えてみましょう。

見立てるあそび

　ダンボールを電車や車に見立ててあそぶなど、見立てるあそびができるようになります。これは、目の前にないものでも、過去の経験の記憶や、想像力を働かせて再現してあそんでいるのです。子どものイメージが広がるようなシンプルな積み木や空き箱などをまず用意してみます。

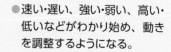

2歳前半

体の発達

運動機能
- 歩行が完成し、歩いたり走ったりして動き回れる。
- 階段を一段ずつ上り下りできる。
- 速い・遅い、強い・弱い、高い・低いなどがわかり始め、動きを調整するようになる。

食事
- 乳歯が生えそろう。
- スプーンやフォークを使って食べる。
- 苦手な食材を嫌がる。

排泄
- 尿意を感じて伝えたり、トイレまで我慢したりなど、コントロールできるようになる。
- おしっこの回数は1日に7〜9回、うんちは1日に1〜2回になる。

心の発達

人間関係
- 第一次反抗期（イヤイヤ期）が表れる。
- 「見てて」と言うことが多くなる。
- 他者の表情（笑っている、泣いているなど）を理解する。
- 自尊心が芽生え始める。
- 自分の物、友達の物がわかる。
- 「こんにちは」「さようなら」など簡単なあいさつをする。

あそび
- 保育者や友達と人形のお世話やままごとをする。
- 指先の機能が発達し、ひも通しや型はめなどをする。
- 手あそびを楽しむ。
- 簡単なルールの鬼ごっこのようなあそびを楽しむ。
- 友達といっしょにいて同じようなあそびをしていても、ほとんど関わることなく一人であそぶ（並行あそび）。

発達を押さえた関わり

自我の拡大（イヤイヤ期）

　「これがやりたかったのよね」「こっちが欲しかったんだよね」など、子どもの思いを受け止めます。繰り返し関わることで、「受け止められ、受け止める」心地よさから、他者を受け入れる自分を構築し始めます。その場しのぎの「受け流す」ではなく「受け止める」関わりをもちましょう。また、子どもも自分の欲求が理解してもらえないとイライラし、そのうちに混乱して元々の欲求がわからなくなる場合も。思い切って場面を切り替えることで、気分が変わることもあります。

「見てて」

　子どもの「見てて」には、例えば階段を上手に上れるところを見てもらって「ほめられたい」と期待している場面もあれば、平均台を渡るような際に「ちょっと怖いから近くにいてほしい」と不安になっている場面もあります。どちらも「先生は見てるよ」が伝わる声をかけていきます。

2歳後半

- 片足立ち、横歩き、後ろ歩き、つま先立ちなどができる。

- 食欲のむら、食事中のおしゃべりなどが見られることもある。

- 朝や午睡のあとなど、おむつが濡れていないことがある。

- ジャンプや、片足飛び（ケンパ）をする。

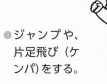

- 箸への興味が出てくる。

3歳

- 基本的な運動能力が身につく。

- 自分でトイレに行って排泄できるようになり、おむつが取れる（個人差がある）。

- 友達の名前を呼んだりし、いっしょにあそびたい気持ちが高まる。

- 三輪車などに興味をもち乗ろうとする。

- 指先が発達し、はさみでの1回切り、のりを使って紙を貼るなどができるようになる。

- 経験したことを話そうとする。

- 相手に自分の要求を言葉で伝えられるようになってくる。

- ルールや決まりを意識するようになる。

- 砂場など感覚的なあそびを楽しむ。

- 粘土で見立てて何かを作る。

- 物を貸し借りしたり、順番で使ったりすることができる。

- 特に好きな大人など、人の役に立つことを喜ぶ。

- 絵本やアニメの主人公になりきってあそぶ。

- 簡単なルールやストーリーのあるあそびを楽しむ。

- 友達と関わってあそぶこともできるが、一人のあそびも楽しむ。

自己と他者の違い

　自分と友達がやりたいことが違ってトラブルになることもあります。自分と他者が異なる欲求や感情を抱くことを、「〇〇ちゃんはこっちがよかったんだって」など、言葉で説明しましょう。他者の意図や感情を想像する力の育ちにつながっていきます。

「貸して」

　友達との関わりが増えてくると、物を共有する必要が生じたりします。「貸して」に対してすぐに貸すことが難しい場合もありますが、「〇〇ちゃんも使いたいんだって」など思いを伝えるとともに、貸すことができたらその姿を認めることで、子どもが「こうなりたい自分」に近づけるようにします。

1歳児のケア&生活

少しずつできることが増える1歳児。自我の芽生えなどに配慮しながら、あそび、食事、排泄、着脱などのケアを行います。

環境と関わり

活発になる生活やあそびを支えて

自由に歩き、動きもどんどん活発になる時期。安全に十分配慮しながら、子どもの欲求に応え、生活やあそびを充実させる環境を整えましょう。

見立てあそび 観察力や想像力が育ちます。イメージが広がる素材を用意します。

構成・操作系あそび
置く・のせる・並べるを楽しめる積み木などを用意します。

室内をコーナーに分けて

あそびの種類によってコーナーを分け、生活空間を区切ります。子どもが移動しやすいよう配置を工夫し、目が届くよう見通しのよい空間をつくります。一人で遊びたいときもあれば、友達といっしょがいいときもあります。それぞれの思いに対応できる環境構成を考えましょう。子どもの行動を予測し、倒れやすいものがないようにするなど安全には十分な配慮をします。

机上コーナー
指先の巧緻性を高める玩具で力加減などを覚えていきます。

パズルなど、指先を使うあそびにも熱中します。

身近な生き物に興味をもつのもこの時期です。

一人でじっくりあそび、自分の世界を広げます。

好奇心が広がる環境を

　手先を思い通りに動かせるようになるにつれ、周囲のものごとへの好奇心が強まります。行動範囲も広がり、外では落ちている木の実が気になり、新しい遊具にも関心をもちます。保育者としては危険も広がるので対応に注意しつつ、子どもが多くのことを経験できるように活動の幅を広げたり、季節感のあるあそびを取り入れたり、一人でじっくり取り組める環境を整えたりしましょう。

外あそびも友達も少しずつ

　砂あそび、固定遊具でのあそび、散歩など外あそびの範囲も広がっていきます。友達にも関心をもち始めますが、まだ協力してあそぶまでには至りません。最初は近くで並行あそびで、友達のまねをします。その中で取り合いが起きたりもしますが、社会性を育む過程ととらえ、柔軟に対応しましょう。

友達への興味・関心が芽生えてきます。

砂や石などを口に入れないように十分注意を。

23

食事

小グループに分けて、細やかな援助を

離乳食から幼児食に移行。発達が近い子ども同士の小グループに分け、保育者が一人ついて援助します。

自分で食べたいという意欲を大切に

自分でやりたい気持ちが強くなり、スプーンやフォークに手を伸ばし、飲み物も自分で飲むようになります。集中が続かなかったり、手指がうまく使えずにこぼしてしまったりすることも多い時期ですが、意欲を尊重し、気持ちに寄り添ったサポートをしていきましょう。その子に合った食器や食具を用意することも大切です。食事の時間が楽しい雰囲気になるよう心がけましょう。

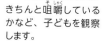
きちんと咀嚼（そしゃく）しているかなど、子どもを観察します。

スプーンで
自分で上手に口に運び、食べる楽しさを感じます。

手づかみで

手づかみ食べを経て、食具を使えるようになります。食べる意欲を大切に。

スプーンの持ち方

ステップ1
上握り
最初はスプーンの柄を上から握る。

ステップ2
下握り
手首が動くようになり、柄を下から握る。

ステップ3
鉛筆持ち
親指と人差し指ではさみ、中指で支えて持つ。

上握り 手のひら全体で、わしづかみのようにつかむ握り方。

手指の発達に応じた援助を

次第に食具にも興味をもち始めます。スプーンやフォークに積極的に手を伸ばすようになりますが、指先の発達が十分でないとなかなかうまく操作できず、かんしゃくを起こしてしまうことも。ようすを見ながら援助し、手指の運動機能を促すあそびや玩具を取り入れていくことも大切です。

切るね

目の前で切って見せると、一口サイズの量が伝わります。

はいどうぞ

子どもの意思を確認しながら、残しがちなものも少しずつすすめます。

食べたくなーい

自我が出てきて、日によっては食べないことも。

状況に応じた関わりを

成長するにつれ、あそび食べやむら食べ、好き嫌いも出てきます。そのような場合は焦ったり無理強いをしたりせず、いつもと同じ対応をします。食事は30分くらいで切り上げる、献立を工夫するなどの配慮も大切です。個々の発達を把握して、細やかな援助をしていきましょう。

排泄

おしっこサインも出せるように

排泄をした感覚、したいという感覚が少しずつわかるようになってきます。
パンツ型おむつへの移行とともに、トイレでの排泄も始めましょう。

はけたよ

パンツ型のおむつは、おなかまでしっ
かり引き上げましょう。

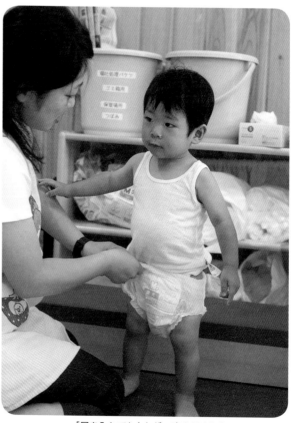

「足を入れてね」など、声かけをしな
がら素早く交換。

パンツ型おむつへ

　よく動き回るようになったらパンツ型おむつへの
移行を検討します。トイレに誘う前段階としても必
要です。立つ・座るが一人でできる、歩行が安定し
ている、午睡後におむつがぬれていない、1回の尿
の量が増える、おしっこサインを出すようになる、
なども移行の目安になります。家庭ではどのように
しているかも確認しましょう。パンツ型は交換しやす
く、体にフィットして動きやすいなどのメリットがあ
ります。

check｜パンツ型おむつの注意

● 拭き残しがあるとかぶれなどの原因になるの
で、尿・便ともていねいに拭き取ります。

● 保育者と対面し、つかまり立ちで交換します。
バランスを崩さないように注意します。

● 丸めてテープで止め、ゴミ袋へ（便はトイレ
に流す）。交換後の手洗いを忘れずに。

腰掛けを利用し スムーズに交換

パンツ型おむつは、トイレの近くに設置した着脱スペースなどで交換します。床にはマットなどを敷き、子どもに合った高さの腰掛け（10～15cm）を用意します。ウエットティッシュや手袋、ゴミ入れなども常備しておきます。明るくて換気ができる、清潔なスペースを用意することで、子どもは安心して交換できます。

トイレの入り口脇に設けたおむつの交換スペース。

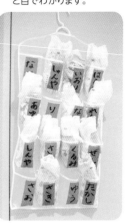

名札をつけたおむつ入れ。交換済みの子がひと目でわかります。

興味をもったタイミングを捉えてトイレに誘いましょう。

「出るかな?」子どもが安心してできるよう、目線を合わせます。

ここがトイレか

サインが出たら、トイレに誘う

おしっこサインが出るようになり、排尿の間隔があいてきたら、トイレに誘ってみましょう。サインが出たとき、戸外活動の前後、午睡前後などの活動の節目に「おしっこ出るかな?」と声をかけます。おむつをぬらすことが減ってきたら、家庭と連携しながらトイレトレーニングの開始も検討します。

おしっこサイン

またを押さえる

急に動きが止まる

ピタッ

うろうろ動き回る

睡眠

リズムができてくる子、不安定な子

夜の睡眠が長くなるにつれ午後1回の睡眠リズムに移行しますが、まだ不安定な子もいるので、個々のようすを見ながら柔軟に対応しましょう。

見守りながら午睡のようすをチェック（呼吸、体温など）。

午睡中の変化を見逃さない

室温や湿度、明るさを調整し、心地よく眠れる環境を用意します。活発になった分、午睡でしっかり休息をとることが重要です。午前中に元気な姿を見せていても、午睡中に体調に変化が表れることがあります。小さな変化も見落とさないように、午睡中は目を離さず、保育者間で連携して見守りをします。SIDS（乳幼児突然死症候群）対策も徹底し、睡眠姿勢、呼吸等は5分おきに記録します。

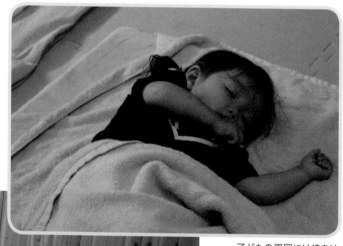

子どもの周囲には枕をはじめ、ものを置かないようにします。

早く起きる子を端に、音に敏感な子は奥にするなど位置を決めます。

寝つくまでスキンシップや声かけを。

目が覚めたねー

起きてしまった子が不安にならないよう、すぐに寄り添います。

寝られなーい

どうしても眠れない子は、静かにあそべるほかのスペースに誘いましょう。

一人一人のようすに合わせて

　午睡は個々に特徴があり、すぐにぐっすり眠れる子もいれば、早くに目が覚めてしまう子、興奮して寝つけない子とさまざまです。目が覚めた子には不安にならないように寄り添い、体にふれたり歌をうたったりして眠りに誘います。興奮している子は、寝つけない原因を探りながら「むこうであそぼうか」などと場所をかえて、静かなあそびをしながらようすを見ます。一人一人の睡眠リズムを把握し、柔軟な対応をしましょう。

午睡をしっかりとるために

体を動かし元気にあそぶ

午前中、全身を使うさまざまな運動を取り入れ、たくさんあそびます。

散歩する

歩行も安定してきます。外気にふれながら体を動かしましょう。

しっかり食べる

食べることで心も体も満たされ、心地よく眠りに入れます。

着脱

着替えに興味をもち始める

引っ張ってみたらくつ下が脱げた！　そんな小さなきっかけで着脱に興味を
もち始める時期。子どものペースに合わせた援助をしていきましょう。

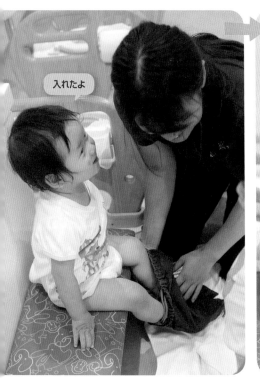

「ズボンをはこうね。足を入れたら
立っちできるかな」

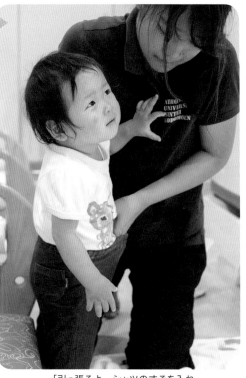
「引っ張るよ。シャツのすそを入れ
ようね」

手足を自分から動かせるように

月齢が低いうちはまだほとんど
を保育者が援助しますが、「おて
てはどこかな?」と言うと、自分か
ら手を動かしたり、ズボンから足
を抜いたりと、言葉に合わせて手
足を動かせるようになります。で
きたらほめて、興味ややる気を引
き出しましょう。保育者は子ども
といっしょに着替える気持ちで援
助することが大切です。

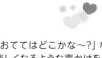
「おててはどこかな〜?」など、
楽しくなるような声かけを。

check 着替えのコツ

● 「シャツの前にクマさんがい
るよ」などと言葉をかけ、自
分の衣服に興味をもたせる。

● あそび感覚で楽しめるよう「ト
ンネルに足を入れてみよう
か」と誘いかける。

● 着替えをテーマにした絵本を
読んだり、着せ替えあそびを
取り入れたりする。

「シャツを脱ぐよ。手を上げてね」
と言葉で伝えながら援助します。

できるもん

大人みたいにやってみたいと真剣に着替え中。

自分でやりたい気持ちを応援し、さりげない
援助をしつつそばで見守ります。

「もうちょっと」と
声をかけ、でき
るまで待ちます。

自分でやろうとするときは

　自分で着替えたい思いが強くなっても、バランス感覚や
協調運動がともなわないことも。そんなとき、先回りして
援助したりせず、子どものペースにまかせます。自分でや
ろうとしているときは多少時間がかかっても見守りましょう。
「もうちょっとだよ」と声をかけて励ます、さりげなく手を
貸すなど、一人一人に合った方法で援助します。できたと
きはいっしょに喜び合いましょう。

棚に着替えボックスを納めた棚。
名札をつけて管理します。

着替えボックスに入れ
てほしいものを掲示し、
家庭に伝えます。

家庭と連携し
着替えの棚を管理

　園で着脱に取り組んでいるとき
は、そのようすを家庭にも伝え、
連携をはかります。伝達事項が多
いので、口頭で伝える必要がな
い事務的なことは、掲示したり配
布したりするといいでしょう。着
脱をスムーズにすすめるため、着
脱しやすい衣服を用意してもら
い、記名もお願いします。着替え
の棚やボックスは子どもにも一目
でわかるように、常に整理した状
態を保ちます。

毎朝準備するものと、それをどこに
入れるかをわかりやすく掲示。

31

清潔 保育者のまねをして覚えていく

手を洗う、鼻をかむといった行為は、健康を守るために早く伝えたい習慣です。保育者をまねながら、少しずつ自分でするようになっていきます。

「お水、気持ちいいね」など声をかけます。初めはうしろから援助を。

一人で石けんで泡だてて洗える
子どもは、見守ります。

ゴシゴシ

手洗い 水道での手洗いを少しずつ援助

保育者がタオルで拭く過程を経て、徐々に洗面所での手洗いに移行します。「ベタベタを拭いてきれいにしようね」と耳にするうちに、手が汚れたらきれいにするという感覚が子どもに芽生えてきます。保育者が楽しく洗って見せ、やりたい気持ちを育てましょう。

「指の間も洗うよ」保育者が横で示します。

check 手洗いの声かけ

❶ 手洗いが習慣づくように、外あそびから帰ったら「手が汚れちゃったね。洗おうね」と声をかけます。

❷ 「石けんをよく泡立てようね。手のひらと、指の間もきれいにね」と洗う部分を順に伝えます。

❸ 泡をきれいに流したら水を切って、「タオルを"パンパン"ってして拭こうね」と声をかけ、タオルで手を拭きます。

鼻かみ 片方の鼻を押さえ、片方で「フン」

鼻水くらいと放っておくと、中耳炎などになることも。「お鼻がでてるよ。きれいにしようか」と言葉をかけて拭きとります。あそび感覚で早いうちからかみ方を伝えることが必要です。保育者が手本を見せながら、少しずつ自分で「フン」ができるようにしていきましょう。

子どもの顔が映る高さに鏡を置いておくと、進んで確認ができるようになります。

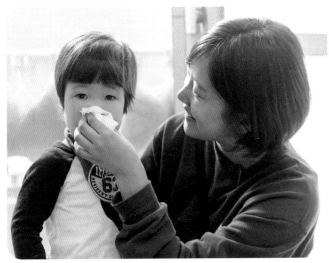

「フンしてみよう」と子どもの鼻にティッシュを当てます。

ゴミ入れはティッシュペーパーの近くに配置。感染症を防ぐために、ゴミはこまめに捨てましょう。

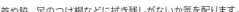

首や脇、足のつけ根などに拭き残しがないか気を配ります。

汗拭き 「さっぱりしたね」と気持ちよさを伝える

汗をかいたらこまめにタオルで体を拭いたり、夏場にはシャワーや沐浴をしたりしてさっぱりさせ、肌を清潔に保ちます。スキンシップをとりながら、皮膚に疾患がないかなどもチェックしましょう。

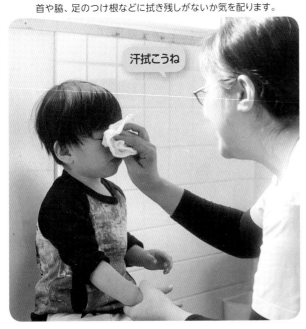

「自分で拭く」やりたい気持ちを受け止めます。

0.1.2歳児 保育のキホン

この時期、「最も大切なこと」って何ですか？

愛着関係を形成することでその子らしさを発揮する

家庭から園へ来た子どもは、どんなに幼くても環境の変化を敏感に察知し、抱かれ方や耳に入る音の違いも感じ取っています。そんな子どもに、まずここは安心できる場所だということ、そして「あなたに会えて、保育をすることができてうれしい」と思っている私（保育者）がいることを全身で伝え、心地よく過ごせるように関わることがまず大切です。

信頼関係を十分に築いたら、子どもはのびのびと自己を発揮し、身近なものに働きかけたり、要求を声や表情や行動で表したりするでしょう。その思いを受け止め、よりよい育ちのために援助を続けることが私たちの仕事です。

禁止したり我慢させたりすることは避け、子どものエネルギーをよい方向へ意味のある出し方ができるように、一人一人を導く必要があります。

愛着関係の築き

すぐそばに安心できる人がいる
＝基本的信頼感

生きる力 と 豊かな心 を 育む

自分は無条件に愛されている
＝自己肯定感の育ち

「養護」と「教育」といいますが、どう考えればいいですか?

「養護」と「教育」は一体で展開されていくもの

「養護」とは、子どもの生命の保持及び情緒の安定を図るために保育者が行う援助や関わりです。快適にそして健康で安全に過ごせるように配慮します。また自分を肯定する気持ちが育まれるような関わりが大切で、自分で考えて自分で行動するという主体性を培うことが求められます。

「教育」とは、子どもが健やかに成長し、その活動がより豊かに展開されるための発達の援助です。保育所保育指針や幼保連携型認定こども園教育・保育要領では、「保育の内容」の「ねらい及び内容」として教育に関わる側面からの視点が示されています。

けれども実際の保育においては、0、1、2歳児の保育も3歳以上児と同様に、養護及び教育を一体的に行う必要があります。これは、「養護」か「教育」かと線引きすることに意味はありません。「教育」のねらいが何を指しているのかをよく理解し、それらの言葉を使って子どもの育ちを語ったり、計画の中に入れたりできればよいのです。

子どもに必要な経験を言葉で示せるか

ただ目の前の子どものお世話をしているだけでは、「教育」していることにはなりません。その子のよりよい発達のために、保育者は何を目指してどのような援助を心がけているかを言葉で示す必要があります。5領域の中でどの側面なのか、どのようなねらいなのか、短期の指導計画にきちんと記し、評価や記録の中にも具体的に子どもの姿と共に省察されていることが求められます。

● 「養護」と「教育」の関わり

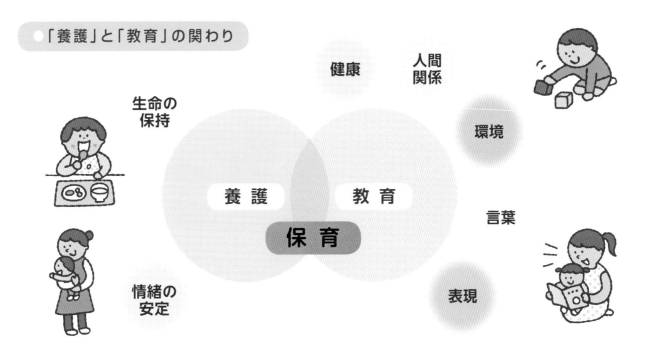

健康　人間関係

生命の保持

環境

養護　教育

保育

言葉

情緒の安定

表現

この時期の「環境構成の基本」は？

人的環境、物的環境そして温かな雰囲気を

　保育者や友達などの人的環境、施設や遊具などの物的環境、また四季の自然やお正月、オリンピックなどの社会の事象なども大切な環境です。十分な運動スペースや誤飲などの事故が起こらない安全な環境は、0、1、2歳児の保育において特に留意する必要があるでしょう。さらに子どもを急かすことのない、ゆったりとした時間を確保することも大事な環境です。

　それから、いつも保育室に泣き叫ぶ声が響くことは、子どもを不安にさせます。場の雰囲気も環境のひとつとして捉え、その場にふさわしい空気をつくりましょう。ここで子どもはどんな気持ちになるかを、常に考える必要があります。

●自分から探索できる場

子どもが自ら関わり、五感を通して探索行動ができるよう、興味・関心がもてるものを近くに置いて見守ります。

●安全の確保

指や頭をつっこんで抜けなくなる、なめた際に有害物質が体内に入る、誤飲で喉を詰まらせるなどの事故がないように整えます。

●温かな親しみとくつろぎの場

快適な空間で自分のしたいことができ、安心して寝転がることもできる場です。信頼できる保育者がいつも見守ります。

●人との関わりを楽しむ場

同年齢の子どもや異年齢の子ども、地域の方などいろいろな人と出会い、関わることは楽しいと経験できます。

子どもをどういう視点で 見ればいいのでしょうか?

0歳児は身体的、社会的、精神的な発達を見る

　0歳児は、「健やかに伸び伸びと育つ」という身体的に関する視点、「身近な人と気持ちが通じ合う」という社会的発達に関する視点、「身近なものと関わり感性が育つ」という精神的な発達に関する視点で捉える必要があります。

　ありのままの子どもの姿を受け止め、愛情豊かに応答的に接し、生理的・心理的要求を満たし、心地よく生活できるように支えながら、どのような反応をしたかを記録し、ほかの保育者と発達の見取りを共有します。

1、2歳児は 5領域の視点

　1、2歳児は運動機能が発達し、さまざまなことが自分でできるようになる時期です。昨日できなかったことが今日できるようになることもあります。その反面、個々によって発達は異なるので、その子のペースに合わせて気長につきあい、見守ったり仲介したりする必要もあります。

　この子は今、5領域のどこに興味・関心があるのかを捉え、子どもの姿を事実で書き留めておきます。また、「10の姿」の芽も見え隠れしているはずです。

●乳児(0歳児)3つの視点

健やかに
伸び伸びと
育つ

身近な人と
気持ちが
通じ合う

身近なものと
関わり
感性が育つ

●1歳以上3歳未満児 5領域

健康

表現　　　　人間関係

言葉　　　　環境

●幼児期の終わりまでに育ってほしい姿「10の姿」

健康な
心と体
(健康)

自立心
(人間関係)

協同性
(人間関係)

道徳性・規範
意識の芽生え
(人間関係)

社会生活
との関わり
(人間関係)

思考力の
芽生え
(環境)

自然との
関わり・
生命尊重
(環境)

数量や図形、
標識や文字
などへの関心・
感覚(環境)

言葉による
伝え合い
(言葉)

豊かな感性
と表現
(表現)

37

これで、すらすら書ける！

「指導計画」の立て方

よりよい「指導計画」のためには どうすればいいですか？

目の前の子どもの姿を 読み取る

まずは、目の前のありのままの子どもの姿を捉えましょう。何に興味をもっているのか、次に発達するところはどこなのか、その発達のために保育者は何を準備すればよいのかを考えて計画を立てます。

④ 改善する

次の計画を立てる際、どこをどのように変えれば、より子どもの育ちにつながるかを考えます。考え続けることが保育者としての成長に直結します。

① 計画する

0, 1, 2歳児の発達に必要な経験を、どのように積み上げるか考えます。「ねらい」「内容」を決め、無理のない計画を楽しく立てましょう。

Plan

Action　保育　Do

Check

③ 評価する

実践した保育の中で、どこにどのような子どもの育ちがあったのかを導き出します。そして「援助はもっとこうするべきだった」など、振り返って検証します。

② 実践する

計画通りに行うことが大事なのではありません。その場の子どもに応じた、必要な経験ができるよう計画を臨機応変に変更することも必要です。

各項目に何を書くのか教えてください。

「次はこんな姿を見せるだろう」を思い描く

子どもは精一杯の生を輝かせて、今を生きています。次にはこの方向へ成長すると見通し実現できるように、その助けになることを考えて書きます。

① 現在の「子どもの姿」を捉える

「育ち」の事実を、整理して考える

まず、現在の子どものようすを知ることから始めます。子どもが何に興味をもち、何を楽しんでいるかを捉えます。計画を立てる際は、していたことを羅列するのではなく、子どもがどこまで育っているのかがわかる姿を事実として書きます。また、どんなときにどんな行動をとるかも記しましょう。「ねらい」の根拠となります。

② "育ってほしい姿"＝「ねらい」を考える

子どもの中に育てたいものを考える

「ねらい」には、保育者が子どもの中に育つもの、育てたいものを、子どもを主語にして記します。「子どもの姿」や年、期、月の「ねらい」を踏まえて導き出しましょう。このような姿が見られるといいな、という保育者の願いをいくつか書いてみると、「ねらい」にしたくなる文が出てきます。

③ 「ねらい」を具体化して「内容」を考える

育ちのための、具体的に経験させたいこと

「ねらい」を立てたら、次にどのような経験をすればその「ねらい」に子どもが近づけるかを考えます。この「ねらい」に近づくために子どもに経験させたいことが「内容」です。具体的に、日々の生活の中でこのような経験をさせたい、ということをあげます。これも、子どもを主語にして書きましょう。

④ 「内容」を経験できる「環境」の準備を考える

ここに
机を出そう

試したくなるような環境を準備する

「内容」にあげたことを、子どもが経験できるように環境を整えます。主体的に行動できるような物的環境をつくりましょう。遊具は何をどのくらい出しておくか、手ざわりの違いを味わわせるには何が適当か、散歩はどこへ行き、何を見て何とふれあうかなど具体的に考えます。

⑤ 「予想される子どもの姿」はあらゆる姿を想定する

「子どもはきっとこう動く」を予想する

環境設定をしたところへ子どもが来た際、どのような動きをするか予想します。また友達に手が出たり、かみついたりする場合は、イライラがたまらないように、その子の好きなあそびが十分にできるような想定を中心にすえます。

じ〜っ

⑥ 「保育者の援助」でどうサポートするかを考える

はい

いれてー

子どもの何に配慮するか考える

子どもが「ねらい」に近づくように、「内容」で書いた事柄が経験できるための援助を考えます。「予想される子どもの姿」でマイナスな姿が予想される場合は、対策を考えて書いておきます。「〜の子には〜する」とさまざまな想定をしておくと、援助の幅が広がります。

「指導計画」の書き方の注意点を教えてください。

指導計画を書く際に気をつけたい、6つのポイントを紹介します。

❶ 現在形で書く

指導計画は、明日のこと、一週間先のことなど、未来に起こることを想定して書くものです。けれども、文章は「〜するだろう」という未来形ではなく、「〜する」という現在形で書きます。「〜している」「〜していく」という現在進行形にもなりがちですが、文章が長くなるので、避けた方がすっきり読めます。

✕ 色水あそびやシャボン玉あそびを楽しむだろう。

◯ 色水あそびやシャボン玉あそびを楽しむ。

❷ 子どものリアルな姿を書く

指導計画を書いている本人は、いつも子どもと接し近くで見ているので、具体的なようすがわかりますが、主任や園長など、毎日接していない人には、どういう姿のことを指して記述しているのかイメージできないことがあります。子どものようすがリアルに思い浮かべられるような、具体的でくわしい記述を心がけましょう。

✕ 保育室でのびのびと好きなあそびを楽しんでいる。

◯ ままごとで、野菜のおもちゃをなべに入れて、料理することを楽しんでいる。

❸ 「〜させる」を控える

成長を促すために、さまざまな経験をさせたいと保育者は願いますが、「〜させる」という文が多いと、保育者が指示をして、子どもは従わされているような印象になります。「〜するよう促す」や「〜できるように配慮する」など、主体的に行動する子どもを保育者がサポートするニュアンスを大切にしましょう。

✕ 水や泥の感触を味わわせる。

◯ 水や泥の感触を味わえるようにする。

❹ 「〜してあげる」を控える

保育者は子どもにさまざまな援助をしますが、それを、「〜してあげている」と思っているようでは困ります。子どものために保育をするのが保育者の仕事ですから、恩着せがましい表現をするのではなく、どちらかというと、「保育させていただいている」という謙虚な気持ちで書きましょう。

✕ 汗をかいたら拭いてあげる。

◯ 汗をかいたらタオルで拭く。

❺ 「まだ〜できない」視点で見ない

子どもは常に成長の過程にいます。「まだ〜できない」とできていないことに着目しないで、「ここまで発達したところだ」とできていることに着目し、育ちを肯定的に捉えましょう。そして、次の課題に向かおうとする子どもを温かい目で見つめ、立ち向かえるように陰ながら応援するのです。

✕ 気に入った遊具であそぶが、長続きしない。

◯ いろいろなあそびに興味があり、少しずつ試している。

❻ 同じ言葉を繰り返さない

子どものようすや状況を細かく説明しようとするあまり、同じような表現が続くと、ワンパターンな記述になってしまう場合があります。一文の中だけではなくそのあとに続く文にも、同じ言葉を2回以上は使わないように心がけ、子どものようすを別の言葉でていねいに伝えましょう。

✕ 積極的に自分からトイレへ行き、自分で積極的にパンツを脱いで便座に座る。

◯ 積極的に自分からトイレへ行き、下着も脱いで便座に座る。

技法別 製作あそび
取り組み方のヒント

1歳児は、指で絵の具の感触を味わうなど、作る過程そのものを楽しみましょう。技法別に、道具や材料の準備、製作中の保育者の援助などを紹介します。

基本の準備

スタンプ台

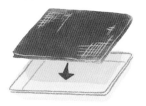

指スタンプなどには、食品トレーに絵の具をしみこませたガーゼやキッチンペーパーを置いてスタンプ台を準備します。

ぬれタオル

活動後すぐに、手や足についた絵の具を拭きとれるよう、ぬれタオルを用意します。

紙の設置

紙を机や床にマスキングテープで貼っておくと、製作中に紙がずれるのを防げます。

スタンプ

持ちやすく押しやすいものを用意

● スタンプは、子どもの小さな手で持ちやすく、安定して力が入りやすいものを用いる。

● スタンプの仕組みがわかりづらいので「スタンプ台にトントン、紙にペタ」などと保育者が実演してから取り組む。

● 段ボールなどで作ったスタンプは、水分を含んで変形しやすいため、多めに用意しておく。

たんぽ

持ち手を太く作ると押しやすい

● 丸めたガーゼや綿を別のガーゼにのせて包み、持ち手をはさんで輪ゴムでとめ、たんぽを作る。

● ガーゼの代わりに不織布タイプのキッチンペーパーでも作れる。

● 持ち手は、筒状にした片段ボールや乳酸菌飲料などの容器で作ると持ちやすい。

手形・足形

スタンプ台の絵の具を自分でつける

- 手が入れやすいよう、大きめのスタンプ台を用意する。
- 「手をパーにしてね」など、指を広げて絵の具をつけるよう言葉をかける。

指スタンプ

絵の具の感触を楽しむ

- 絵の具は濃いめに溶き、事前に試して濃度を調整しておく。
- 指1本で点を打つことにとらわれず、絵の具の感触を楽しめるようにする。

ペン・クレヨン

紙の大きさに配慮をする

- 紙が小さすぎると描きにくいため、紙の大きさに注意する。
- 机には、シートや新聞紙を敷いておく。

シール

一人分ずつ台紙を切り分ける

- 自分で台紙からはがせるので、台紙ごと一人分に分けておき、色などを選べるようにする。
- 直径8ミリくらいの丸シールも扱えるようになってくる。

紙を丸める

扱いやすいように紙質や大きさを工夫する

- やわらかくて薄い、丸めやすい紙で取り組む。
- 子どもの両手におさまるくらいの大きさに、紙を切っておく。

のりで貼る

のりは使う分だけを出しておく

- 子どもはのりの量を調整しづらいので、保育者が少量をケースから出しておく。
- 月齢によって、保育者がのりをつけたものを手渡して貼る。

たんぽで作るヒヨコ

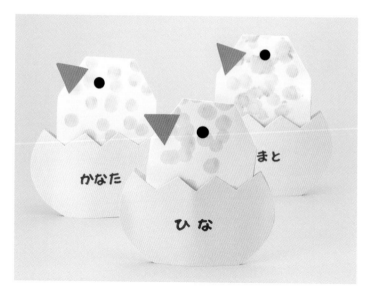

たんぽを押した紙が、かわいいヒヨコに変身。
画用紙を貼り合わせた殻に入れ、立ててかざります。

材料　色画用紙／画用紙／丸シール／ティッシュ

道具　たんぽ／絵の具

作り方

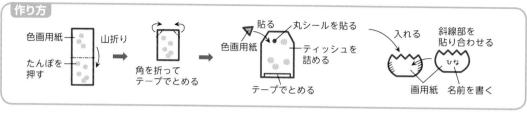

型紙
278ページ

seisaku　→　seisaku44-01

ぐるぐる描き チューリップ

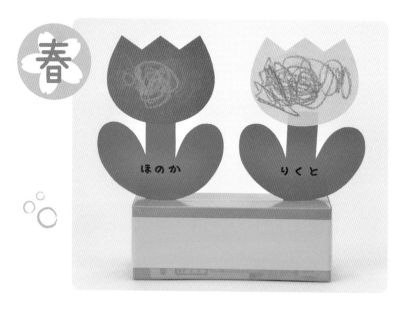

カラー布テープを巻いた牛乳パックに
切り込みを入れ、差し込んでかざると
花壇のような雰囲気になります。

材料　色画用紙／カラー工作用紙／牛乳パック

道具　クレヨン

作り方

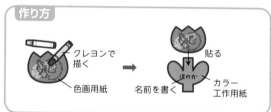

型紙
278ページ

seisaku　→　seisaku44-02

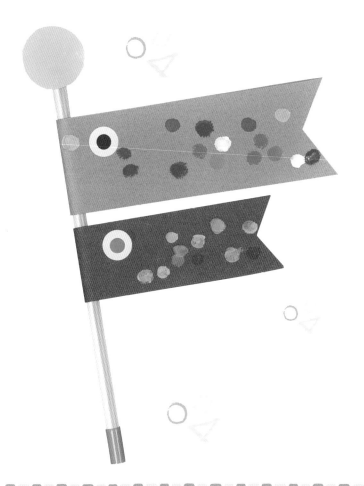

● こどもの日

指スタンプこいのぼり

子どもの手で持ちやすいミニサイズの
こいのぼり。絵の具の色の組み合わせ
を楽しみましょう。

材料　色画用紙／丸シール／カラー工作用紙／
　　　ストロー／ビニールテープ

道具　絵の具

作り方

色画用紙に
指スタンプを
押す

カラー工作用紙
丸シール　　　ストロー
尾の形に
切る
ストローを
はさんで
貼る
ビニールテープを巻く

シールぺたぺた
こいのぼり

いろいろな色の丸シールでカラフルに。
芯に巻いて立体的なこいのぼりに仕上げます。

材料　折り紙／色画用紙／トイレットペーパー芯／
　　　丸シール／写真／たこ糸

作り方

丸シール
貼る
折り紙
谷折り
色画用紙
巻いて
貼る
トイレット
ペーパー芯
貼る　写真
切り取る
結ぶ
たこ糸
丸シール

● こどもの日

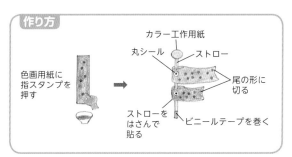

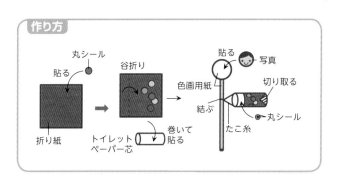

梅雨 ふんわりアジサイ

お花紙をくしゃくしゃと丸めるのを楽しみましょう。
カエルに変身した子どもの姿もかわいい作品です。

材料 お花紙／ビニール袋／色画用紙／折り紙／写真

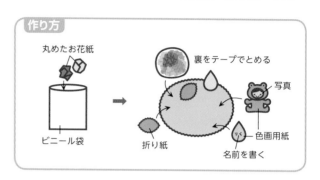

作り方

丸めたお花紙

ビニール袋

裏をテープでとめる

写真

折り紙

色画用紙

ツバ

名前を書く

型紙
278ページ

seisaku → seisaku46-01

りく

夏

足形のモビール

足形を魚に見立てたユニークなモビール。左右のバランスを見ながら貼り合わせましょう。

材料 色画用紙／画用紙／ストロー／ビニールテープ／
カラーゼムクリップ／たこ糸

道具 絵の具

作り方

色画用紙に足形を押す

切る

たこ糸

カラーゼムクリップ

ストロー

ビニールテープ

パンチで穴を開ける

切り込みを入れ折る

切り取る

型紙
278ページ

seisaku → seisaku46-02

指スタンプの織姫・彦星

指スタンプをした紙をしずく形に貼り、体を作ります。
流れ星と合わせて、揺れるのがかわいいササかざりに。

材料　色画用紙／丸シール／カラー工作用紙／たこ糸

道具　絵の具

作り方

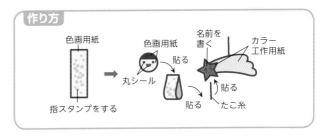

色画用紙
指スタンプをする

色画用紙
丸シール
貼る

名前を書く
カラー工作用紙
貼る
貼る
たこ糸

型紙 279ページ
CD ROM　seisaku → PDF seisaku47-01

カラフル短冊

キラキラ折り紙やスズランテープでにぎやかに。
両面テープは、間隔をあけて貼っておきましょう。

材料　色画用紙／画用紙／キラキラ折り紙／スズランテープ／ひも

道具　両面テープ

作り方

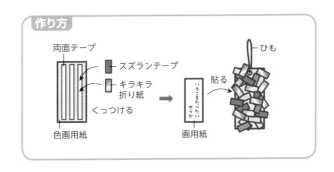

両面テープ
スズランテープ
キラキラ折り紙
くっつける
色画用紙

貼る

ひも
画用紙

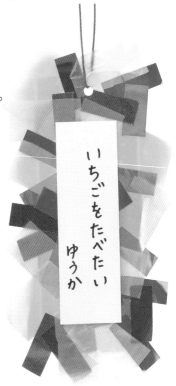

いちごをたべたい　ゆうか

たんぽでブドウ

たんぽを押した三角形の色画用紙を貼り
合わせれば、立体的なブドウのできあがり。
色違いをリボンでつなげてかざります。

材料　色画用紙／画用紙／リボン

道具　たんぽ／絵の具

作り方

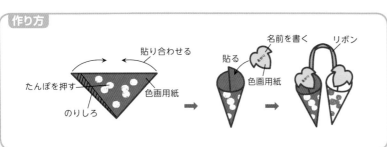

貼り合わせる

たんぽを押す

のりしろ

色画用紙

名前を書く

貼る

色画用紙

リボン

型紙
279ページ

CD ROM　seisaku　→　PDF　seisaku48-01

毛糸のミノムシ

毛糸や折り紙をくっつけるのが楽しい作品です。
吊るしてかざると、秋らしい風景に。

材料　色画用紙／丸シール／折り紙／毛糸／たこ糸

道具　両面テープ／トレー

作り方

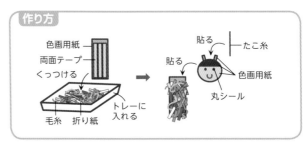

色画用紙
両面テープ
くっつける

毛糸　折り紙

トレーに
入れる

貼る

たこ糸

貼る

色画用紙

丸シール

🎅クリスマス🎄

スタンプのブーツ

片段ボールを活用し、ユニークな形の手作りスタンプに。
赤の台紙に、金や銀、白の絵の具が映えます。

材料　色画用紙／毛糸

道具　片段ボール／絵の具

作り方

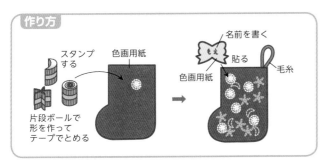

スタンプする　色画用紙

片段ボールで形を作ってテープでとめる

名前を書く　貼る　毛糸

色画用紙

型紙　279ページ

seisaku　seisaku49-01

冬　お花紙の雪だるま

紙の輪を目安に、お花紙を丸めてくっつけます。
「空から雪が降ってきたね」などと言葉をかけ、
子どものイメージが広がるようにしましょう。

材料　色画用紙／画用紙／キラキラ折り紙／丸シール／お花紙／写真

道具　両面テープ

作り方

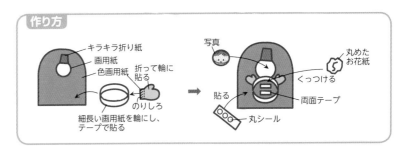

キラキラ折り紙
画用紙
色画用紙
折って輪に貼る
のりしろ

細長い画用紙を輪にし、テープで貼る

写真
丸めたお花紙
くっつける
両面テープ
貼る
丸シール

型紙　279ページ

seisaku　seisaku49-02

手形のおにのお面

手形を組み合わせた円すい形のおにのお面です。
ひらひら揺れるスズランテープをあしらって。

材料　色画用紙／丸シール／スズランテープ
　　　／ゴムひも／ビニールテープ

道具　絵の具

作り方

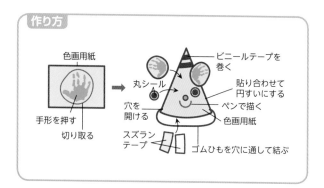

色画用紙
手形を押す
切り取る
丸シール
穴を開ける
スズランテープ
ビニールテープを巻く
貼り合わせて円すいにする
ペンで描く
色画用紙
ゴムひもを穴に通して結ぶ

型紙
279ページ

裏

CD
ROM
seisaku ➡ PDF seisaku50-01

お絵かき豆入れ

細長い色画用紙に自由に描いたものを
牛乳パックに巻くように貼ります。

材料　牛乳パック／色画用紙

道具　ペン

作り方

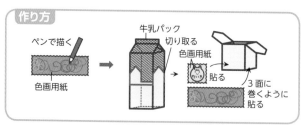

ペンで描く
色画用紙
牛乳パック
切り取る
色画用紙
貼る
3面に巻くように貼る

ひな祭り

お花紙の ふんわりびな

袋に丸めたお花紙と千代紙を詰め、おひなさまに。
ゆらゆら揺れるのがかわいい作品です。

材料　カラー工作用紙／色画用紙／お花紙／千代紙／
　　　写真／ビニール袋／毛糸／リボン

作り方

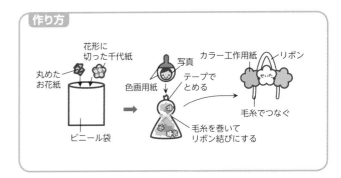

型紙 279ページ　CD ROM　seisaku → PDF seisaku51-01

千代紙のおひなさま

千代紙や折り紙を自由に選べるようにしましょ
う。紙の組み合わせや貼り方に個性が出ます。

材料　色画用紙／キラキラ折り紙／折り紙／千代紙／
　　　丸シール

道具　のり

作り方

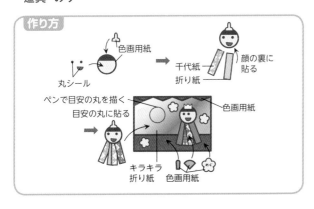

ひな祭り

型紙 279ページ　CD ROM　seisaku → PDF seisaku51-01

春

ツクシを見つけたよ

動物たちが地面から顔を出したツクシを
発見！ ツクシは、色画用紙に果物用ネッ
トを貼り、立体的に作ります。

材料 色画用紙／画用紙／スズランテープ／
果物用ネット

型紙
280ページ

CD ROM　hekimen → hekimen52-01

虹色シャボン玉

画用紙に水性ペンで描いたもの
に筆で水をつけてにじませます。
にじみ絵のグラデーションがシャボ
ン玉にぴったり。

材料 色画用紙／画用紙

型紙
280ページ

CD ROM　hekimen → hekimen52-02

お花畑の虫たち

色とりどりのお花に、虫たちが勢ぞろい。「チョウチョウさんは何をしてるのかな?」と子どもとの会話も広がります。

材料 色画用紙／画用紙／お花紙
／毛糸／モール

型紙
281ページ

CD ROM hekimen → hekimen53-01

子どもと
作る

イチゴがたくさん！

おいしそうなイチゴに動物たちも笑顔がこぼれます。赤やピンクのイチゴには、指スタンプで模様をつけます。

材料 色画用紙／画用紙

型紙
281ページ
CD ROM hekimen → hekimen53-02

かえで

子どもの
作品

❶ 色画用紙に指スタンプをします。

❷ 保育者が❶に色画用紙の葉を
貼ります。

53

夏

雨の日のアジサイ

窓の外には、アジサイやカタツムリ、カエルと梅雨らしい風景が広がります。アジサイの小花は、障子紙を染めて作ります。

材料　色画用紙／画用紙／障子紙／キラキラ折り紙

型紙
282ページ

CD ROM　hekimen → hekimen54-01

キラキラ花火

夜空に浮かぶゴージャスな花火が印象的。花火は、丸い紙にキラキラ折り紙を貼った上から、穴を開けた色画用紙を重ねます。

材料　色画用紙／画用紙／キラキラ折り紙／キラキラテープ／綿

型紙
282ページ

CD ROM　hekimen → hekimen54-02

アサガオ咲いたね

アサガオが夏本番を感じさせてくれます。花は、丸く切った障子紙を八つ折りにし、絵の具につけて染めます。

材料 色画用紙／画用紙／障子紙

型紙
283ページ

CD ROM hekimen ➡ hekimen55-01

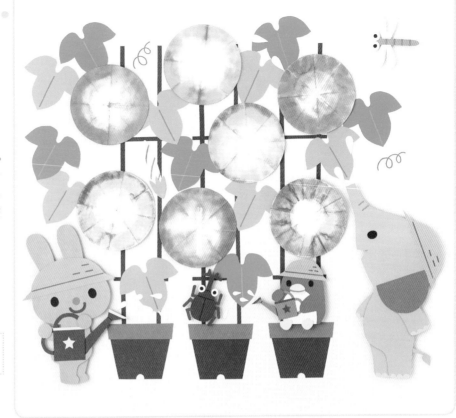

子どもと作る

かき氷やさん

かき氷は、片段ボールの上に並べて貼り、お店の雰囲気に。ビニール袋にスズランテープを詰めるのが楽しい作品です。

材料 色画用紙／画用紙／片段ボール／ひも／封筒／ビニール袋／スズランテープ

型紙
283ページ

CD ROM hekimen ➡ hekimen55-02

子どもの作品

① 保育者が封筒を半分に切り、角を折ります。ペンで模様を描きます。

② ビニール袋にスズランテープを詰めます。

③ 保育者が封筒にビニール袋を入れ、テープでとめます。

55

壁面かざり

秋

お月見パーティー

お月様へのお団子が準備できたら、お月見パーティーの始まりです。お団子はフェルト、雲は和紙で作り、変化をつけます。

材料 色画用紙／和紙／フェルト／毛糸／キラキラテープ

型紙
284ページ

CD ROM　hekimen → hekimen56-01

コスモスに
包まれて

コスモスや赤トンボが秋の到来を告げます。コスモスは、不織布や布で作った花びらの中心に、お花紙をプラスして作ります。

材料 色画用紙／画用紙／お花紙／布／不織布

型紙
285ページ

CD ROM　hekimen → hekimen56-02

♪コブタヌキツネコ

歌の世界から動物たちがやってきました。葉っぱは、和風の包装紙を加えると変化がつきます。

材料　色画用紙／画用紙／包装紙

型紙
285ページ

hekimen　➡　hekimen57-01

ブドウとれるかな？

子どもと作る

たわわに実ったブドウにうれしそうな動物たち。紙テープをカールさせて、ブドウのつるの雰囲気を出しましょう。

材料　色画用紙／画用紙／紙テープ／
　　　ペットボトルのふた

型紙
286ページ

hekimen　➡　hekimen57-02

子どもの作品

① 保育者がペットボトルのふたを2点重ねてテープを巻き、スタンプを用意します。

② 画用紙にスタンプを押します。

クリスマスの夜

サンタクロースを待っているうちに
子どもたちは夢の中…。金のモールや
赤のリボンをあしらってクリスマスらしく。

材料 色画用紙／画用紙／キルト芯／キラ
キラモール／リボン

型紙
286ページ

CD
ROM　hekimen　➡　hekimen58-01

バイキンを
やっつけろ！

手洗い・うがいに大慌てで逃げ出
すバイキンたち。手洗い・うがいの
大切さをわかりやすく伝えられます。

材料 色画用紙／画用紙／キラキラ折り
紙／スズランテープ

型紙
287ページ

CD
ROM　hekimen　➡　hekimen58-02

♪おもちゃの チャチャチャ

子どもたちにもおなじみの
歌を壁面かざりにアレンジ。
にぎやかなおもちゃたちに思
わずうたいだしたくなります。

材料 色画用紙／画用紙／キラ
キラ折り紙

型紙
287ページ

CD
ROM
hekimen ➡ hekimen59-01

子どもと
作る

カラフルてぶくろ

ポンポンとスタンプを押すのが楽しい
作品。手作りスタンプで毛糸やエアパ
ッキンの模様を楽しみましょう。

材料 色画用紙／画用紙／トイレットペーパ
ー芯／毛糸／エアパッキン

型紙
288ページ

CD
ROM
hekimen ➡ hekimen59-02

子どもの
作品

❶ 保育者が芯に丸
めた毛糸やエア
パッキンを貼り、
スタンプを用意
します。

❷ 画用紙にスタンプを押します。

おたよりイラスト 春

1-P60-01

1-P60-02

1-P60-03

1-P60-04

1-P60-05

1-P60-06

1-P60-07

1-P60-08

1-P60-09

1-P60-10

1-P60-11

1-P60-12

1-P60-13

1-P60-14

1-P60-15

おたよりイラスト 夏

CD ROM　color → P61

おたよりイラスト

春夏

1-P61-01

1-P61-02

1-P61-03

1-P61-04

1-P61-05

1-P61-06

1-P61-07

1-P61-08

1-P61-09

1-P61-10

1-P61-11

1-P61-12

1-P61-13

1-P61-14

1-P61-15

おたよりイラスト 秋

CD ROM color → P62

1-P62-01

1-P62-02

1-P62-03

1-P62-04

1-P62-05

1-P62-06

1-P62-07

1-P62-08

1-P62-09

1-P62-10

1-P62-11

1-P62-12

1-P62-13

1-P62-14

1-P62-15

おたよりイラスト 冬

CD ROM color → P63

1-P63-01

1-P63-02

1-P63-03

1-P63-04

1-P63-05

1-P63-06

1-P63-07
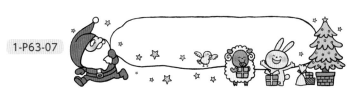

1-P63-08

1-P63-09

1-P63-10

1-P63-11

1-P63-12

1-P63-13

1-P63-14

1-P63-15

マーク・メダル

1-P64-01

1-P64-02

1-P64-03

1-P64-04

1-P64-05

1-P64-06

1-P64-07

1-P64-08

1-P64-09

1-P64-10

1-P64-11

1-P64-12

1-P64-13

1-P64-14

1-P64-15

1-P64-16

1-P64-17

1-P64-18

1-P64-19

1-P64-20

1-P64-21

1-P64-22

1-P64-23

今日から
役に立つ!

Part ①

クラスづくり

保育の
見通し

環境構成

保育者の
援助

ねらい・
チェックリスト

あそび

手あそび
うたあそび

絵本

読み取ろう
子どもの
育ち

年度末の
保育の
ヒント

4〜6月の

保育の見通し

園の毎日は

センセー大好き!

まてまてー

キャー

ごはんできた

"楽しい"がいっぱい!

🐶 園には "楽しい" がいっぱい!

園がいつでも楽しい雰囲気で、楽しい玩具があり、いつでも笑顔で優しい保育者がいれば、子どもは登園が楽しくなるでしょう。

保育の見通し　生活面

子どものようすを共有し家庭と同じ環境で

新しい環境や担任保育者になじめず、泣いたり、不安そうにしたりする子どもが多い時期。家庭と連携し、その子どもの安心できるタオルなどを持ってきてもらうのも一案です。

保育の見通し　あそび面

園を好きな人や物でいっぱいにしよう

好きな物がたくさんあると子どもは笑顔になります。玩具の数は十分に用意し、園での楽しみを増やすよう配慮を。保育者もその1つになれるよう、常に笑顔で優しく関わります。

🐶 生活習慣は少しずつ

着替えやトイレ、手洗いなどの生活習慣は、個々の発達に合わせて対応を。"ジブンデ" という意欲を大切に、さりげなく手助けします。

🐶 家庭からの情報を生かして

登園・降園時の保護者との会話には、その子への対応のヒントが必ずあります。年度初めには保護者と積極的に情報交換を行います。

保育の見通し　人との関わり

同じあそびが楽しい
並行あそびで仲よしに

少しずつ、自分以外の友達の存在が気になり始める頃。同じあそびを隣でするだけで楽しい気持ちになり、"いっしょ" がうれしくなります。

保育の見通し　保護者対応

園での子どもの
ようすを伝える

新生活に不安なのは保護者も同じです。園での生活を知ってもらい、またこちらも家庭のようすをよく知るためにも、登園・降園時の会話を大切にしましょう。

保育の見通し　安全面

子どもの安全を第一に、
安定した生活を送ろう

人の出入りが多く、保育者間の連携もこれからという時期こそ、ヒヤリハットが増えがちです。なによりも子どもの安全を第一に考え、安心できる毎日を送れるよう配慮しましょう。

4〜6月の 環境構成

畳やクッションなど、子どもたちがゆっくりとくつろげるスペースを

好きなときに
ゴロゴロ
できるんだぁ!

安定した生活

保育室内にゆったりとできるスペースがあると子どももくつろいで過ごせます。畳のほか、クッション、一人になれる狭いスペースなどがあるとホッとできますね。

並べたり、移し変えたり…手先を使ったあそびを取り入れて

発達を促す

1歳児のこの時期は、積み木を並べたり重ねたり、物を入れ替えたりするあそびが大好き。発達によって難易度が変わるように設定し、興味が湧く言葉をかけましょう。

「やってみたい」を
引き出す着脱の設定を

安定した生活

着替えのやる気を引き出すには、いつも同じように、着やすい向きに服が広げて置いてある、といった統一した設定が必要です。「やってみよう」と思える援助を！

自分で着ようと思える置き方！

春の自然を感じられる
受け入れコーナー！

安定した生活

子どもが見つけたもの、作ったものを受け入れコーナーに置くことで、楽しかったことを子どもと共有でき、保護者にも日中のようすを伝えられます。

散歩で見つけたかわいい花です！

今日、お散歩に行ったのね！

うん！

Part 1 クラスづくり 4〜6月

サーキットあそびで
全身をいっぱい動かそう！

発達を促す

1歳児は体をたくさん動かし、歩くことや走ること、登ることが大好き。かといってお部屋で走ることは危ない…。そんなときは少し広い空間を確保できる室内で、サーキットあそびを取り入れましょう。少しの段差や一本橋、マットを利用すると、さまざまな部位の力をつけながら探索する力が身につきます。

よいしょ よいしょ

いっぽんばーし

子どもの力が伸びる！

4〜6月の

保育者の援助

70

家庭と連携を図り、一人一人の発達を捉えて寄り添う

子どもを一番知っているのはその子の保護者です。保護者にその子の "くせ" や "好きなこと" を教えてもらいながら、子ども一人一人の発達にそって保育を考えれば、その子にとって最適な援助にたどり着きます。

♡ **発達に合わせた援助**

新しい環境、初めての保育者…。新学期にありがちな不安にすぐに慣れる子もいれば、いつまでも泣いてしまう子もいます。それぞれの気持ちを汲み取った、ていねいな対応を心がけましょう。

「自分でやりたい」「できた」を支えるさりげない援助を

「自分でやりたい」という思いが出てきたら、その気持ちを尊重したいもの。着替えの際はさりげなく服の端を持ってあげたり、袖や裾を持って手助けしたりし、"自分でできた達成感" を味わえるようにしましょう。

♡ **発達に合わせた援助**

できた際には共に喜ぶことを忘れずに。認められることで次への意欲につながります。そうした繰り返しのなかで、子どもも自然に着替えや食事などに自信がつき、自立へと向かいます。

保育者もいっしょに!
ダイナミックな感触あそび

　穏やかな季節、ダイナミックな泥あそびがおすすめ。保育者もいっしょに泥あそびを行うことで、感触あそびを楽しむきっかけになります。盛り上がっているときは次の活動は気にせず、あそび込める時間を大切にします。

おだんご作ろう!

❤ 発達に
合わせた援助

　次の活動を伝えたいときは「おいしいごはんを食べよう」と、楽しい言葉を使うのがおすすめ。見通しがもてる言葉かけを!

暑くなり始めたら
こまめな水分補給&汗拭きを

　駆けまわってあそぶ子どもは、たくさん汗をかいています。保育者が意識し、活動の合間に水分補給を促し、脱水、熱中症予防に努めましょう。また、着替えの際に汗を拭くことも習慣にします。

❤ 発達に
合わせた援助

　「お茶がおいしいね」と声をかけながらみんなで飲むと、楽しい時間になります。飲んでいない子がいないか、確認を。

「まてまて〜!」の追いかけっこで
クラスのみんなで開放的に体を動かそう

先生、
まてまてー!

　1歳児はみんな体を動かすことが大好き。さまざまな遊具に挑戦したり、「まて、まて〜!」と保育者と追いかけっこをしたり、全身運動を取り入れて楽しめるようにしましょう。興味や発達に合わせて、あそんでいるみんなを見ているだけの子がいてもOK。保育者は子どもが満足できるように見守りつつも、安全にあそべる配慮を心がけます。

❤ 発達に合わせた援助

　歩行が安定している子と、安定していない子の差が大きい時期。それぞれの発達に合わせた運動あそびを促し、それぞれに保育者がつくようにします。

ねらい

* 新しい環境に慣れ、安心して園生活を送る。
* 保育者に見守られながら、好きなあそびを楽しむ。
* 好きな場所や玩具を見つける。

チェックリスト

- ☐ 食事をするテーブルの場所を決め、座る位置に個人マークをつける。
- ☐ 眠くなったとき、いつでも休めるよう場所を決めておく。
- ☐ おまるの準備をしておく。
- ☐ ひも通しのような発達に合った玩具や、興味をひく絵本を用意する。
- ☐ 家庭での生活習慣やようす、健康状態などをあらかじめ聞いておく。

あそび

1対1　見立て

ふわふわロケット ゴー!

ねらい

＊ 変化のある体の動きと、保育者とのふれあいを楽しむ。

\あそび方/

① 保育者が発射台に

保育者はあお向けに寝て、ひざを曲げ、少し足を開きます。間に子どもが立ちます。

ロケットに乗ってくださーい

② 足の上でスタンバイ

両ひざをそろえた上に子どもをうつぶせにしてのせ、保育者は子どもを支えます。「○○ちゃんロケット、5・4・3…」とカウントダウンしながら、ひざ下を上下に動かします。

5・4・3…

③ 前へ移動して出発

「…1・0。出発!ビュワーン」と言いながら、保育者はひざを胸に引きつけ、子どもを前に移動します。

ビュワーン

④ 体を起こす

保育者は子どもの体を支えたまま起き上がり、「ただいま」と声かけをします。

ただいま～

ことばかけ

「○○ちゃん、ロケットにのってください、出発しますよ」

保育者の援助

子どもとしっかり目を合わせて声かけをしてあそびましょう。子どもの反応を見ながら、動作の大きさを加減してください。

バリエーション

そのままシーソーで

「ただいま」で起き上がったら、ゆらゆらとシーソーのように体ごと揺らします。「ゆらゆらしたね」「楽しかったね」などと言葉かけをしましょう。

ゆ～ら ゆ～ら

いろいろなお山

準備する物

巧技台

＼ あそび方 ／

① 小さいお山

巧技台1段のみを上ってみます。下りるときは後ろ向きになり、片足ずつ下ります。

② 中くらいのお山

巧技台を1段＋2段で組み合わせて上り下りをします。

③ 大きいお山

巧技台2段を上り下りします。

よいしょ
よいしょ

ことばかけ

「小さいお山や大きいお山があるよ。上れるか挑戦してみよう」

保育者の援助

最初は1段、できたら1段＋2段、それもクリアしたら2段というように、徐々に山を高くしていきます。上手にできたらほめましょう。

🐼 バリエーション

マットをつなげる

巧技台の横にマットをつなげて置きます。巧技台を越えたらマットで寝転んでコロコロと回ったり、はいはいして進んだり、全身を使ってあそんでも楽しめます。

ゴロゴロ〜！

見立て　バギー

ジャングル冒険

ねらい
* 斜めになったり揺れたりと、いろいろな感覚を味わう。

準備する物

バギー（4人乗りなど大きめのもの）、マット、細い棒、板、木の枝

\ あそび方 /

① バギーに乗って出発

「冒険に出かけよう」と言って、子どもたちをバギーに乗せて出発します。

② 木と山を越える

細い棒を置いて「倒れた木」に見立て、その上を越えます。そして板の上にマットを敷いて「山」に見立て、その上を越えます

③ 川を渡って森を通る

水で線を引いて「川」に見立て、カーブしながら通ります。そして木の枝を置いて「森」に見立て、その間をくぐります。

出発-!!

「冒険に出かけよう」と言って、子どもたちをバギーに乗せ出発します。

細い棒を置き、「倒れた木」に見立てます。

ガタ　ガタ

木の枝を置き、「森」に見立てて、その間をくぐっていきます。

板の上にマットを敷き、「山」に見立てます。

水で線を引き、「川」に見立てます。

ことばかけ

「みんなで冒険に行こう！　ガタガタ揺れる道を通るよ。ドキドキするね」

保育者の援助

冒険なので、倒れた木や森を越えるときはバギーをガタガタ揺らしたり、スピードを変えたりと変化をつけてあそびましょう。

あそびのヒント

ドキドキ感を高める

山を越えるときは「お山を上るよ。よいしょ!」、川を渡るときは「ザブーン」「水が冷たいね」などと言うとスリル満点で盛り上がります。

川に入るよ
ザブ～ン

ねらい

* 物への興味を広げ、受け取る・
手渡すのやりとりを楽しむ。

【 1対1 】【 やりとり 】

ころころころりん

準備する物

ボール、箱

\ あそび方 /

1 ボールを 転がす

「ころころころりん」
と言いながら、保育者
が子どものほうへボー
ルを転がします。

ころころ
ころりん

2 箱に 入れる

子どもがボールを
取ったら、保育者は箱
を出して「ちょうだい」
と声をかけます。子ど
もがボールを箱の中
へ入れます。これを繰
り返します。

ちょうだい

あい

3 ボールを 手渡す

今度は、箱を少し離
れた所に置き、子ども
にボールを手渡します。
「あの箱にボールを入
れてね」と声をかけま
す。

箱に
入れてきて

4 箱に 入れる

子どもが箱にボール
を入れたら、「できた
ね!」とほめます。

できたね!

ことばかけ

「○○ちゃん、ボールが転がっていくよ。
よく見てね」

保育者の援助

ボールを箱に入れるやりとりを繰り返してから、指示
した場所にボールを入れるあそびに広げていきます。
指示通りに動けなくても、やりとりを楽しみます。

パリエーション

大きなボールで

ボールを少し大きい物
に替えて、「ころころころ
りん」をしてあそびます。
「ごろごろごろりん」と言
葉もかえましょう。子ど
もとの間隔を広げて、
ボールの動きに注目でき
るようにしましょう。

ごろごろ
ごろりん

運動あそび　支持力　脚力

足を越えて1、2

\ あそび方 /

1 保育者は足を伸ばした状態で、軽く足を開いて座ります。

2 子どもの脇の下を支えながら、保育者の足を片方ずつまたいで歩くよう促します。

あそびのポイント

保育者のひざのあたりや太もものあたりなど、またぐ位置をかえていくと、片足を上げる高さに変化がつけられます。

1、2

子どものようすを見ながら足の開き具合を調整しましょう。

ねらい
＊ 保育者とのふれあいを楽しむ。
＊ 体への刺激を感じる。

運動あそび　空間認知力　バランス感覚

ビューンと飛ぼう

\ あそび方 /

1 保育者は足を広げて伸ばして座り、その後ろに子どもが立ちます。

2 保育者は子どもの手首をしっかり握って体を前に曲げ、子どもを背中にのせるようにします。

あそびのポイント

保育者は足を開いて座り、左、右、真ん中と体を曲げる向きをかえながら行います。

ねらい
＊ 手指、体幹を鍛える。
＊ 姿勢をかえて視野を広げる。

保育者は子どもの手首をしっかりと握ります。

おやゆびねむれ

1 おやゆびねむれ

保育者は子どもの親指を手の内側に折る。(以下、同様に)

2 さしゆびも

子どもの人差し指を折る。

3 なかゆびべにゆび
こゆびみな

順番に中指、薬指、小指を折る。

4 ねんねしな

全部の指をひらく。

5 ねんねしな

全部の指を折る。

6 ねんねし

全部の指をひらく。

7 な

全部の指を折る。

🐑 あそびのポイント

**保育者が両手を使って
やってみせよう**

はじめは、保育者が両手を使ってうたいながらやってみせてもよいでしょう。子どもが興味を示したら、子どもの手を持ってあそぶと、さらに喜びます。

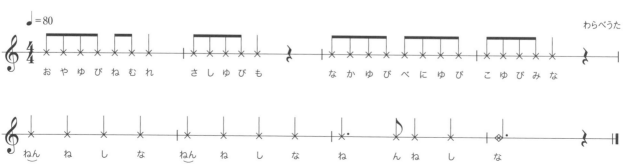

🎼 あんよはじょうず

1 1番 あんよはじょうずころぶは

手をたたきながら、子どもの顔を見て保育者の方へ呼び寄せる。

2 おへた 2番

保育者のところまで歩けたら、ギュッと抱きしめる。2番は1番と同様にする。

🐑 **あそびのポイント**

手をつないで歩こう

1人で歩くことがまだおぼつかない子は、保育者と手をつないでいっしょに歩きながらうたいましょう。歌の最後は「上手に歩けたね」と声をかけることを忘れずに。

わらべうた

♩=80

1. あん　よは　じょう　ず　ころ　ぶは　おへ　た
2. あん　よは　じょう　ず　ここ　まで　おい　で

🎼 なきむしけむし

1 なきむし…すてろ

一拍ごとに子どもの体のあちらこちらにふれる。

2 「それーっ」

勢いよく遠くを指さす。

🐑 **あそびのポイント**

泣きやまないときはもう一度

なかなか泣きやまないときは「あれー？　まだいるぞ。毛虫かな？　泣き虫かな？」などと言って子どもの興味をひき、もう一度始めからうたいましょう。

♩=80

わらべうた

な　き　む　し　け　む　し　は　さん　で　す　て　ろ　「それーっ」

みんなでね

友達といっしょに起きて、食べて、散歩して、あそんで、お風呂に入って…。何気ない日常生活に共感できる、ほのぼのとする絵本です。

さく・え／まつい のりこ
偕成社

読み聞かせポイント

子どもたちにとって経験の浅い集団生活。"みんなで"の楽しさが伝わるよう、気持ちを込めて読みましょう。

ほわほわ さくら

満開のサクラの花が描かれた、春を感じられる絵本。「ほわほわ ほほほ」といったリズミカルな言葉の連続が、楽しさいっぱいです。

さく／ひがし なおこ
え／きうち たつろう
くもん出版

読み聞かせポイント

柔らかな響きのオノマトペが多いので、穏やかに読みます。実際にサクラの花びらにふれてみましょう。

ねむねむごろん

ゾウやクマ、ウサギなどの動物たちが眠くなって「どしん」「ごろん」と横になります。読んでいるとだんだん眠くなる、午睡前にぴったりなお話。

作・絵／たなか しん
KADOKAWA

読み聞かせポイント

「ねむねむ」のあとの展開が楽しみなお話。ページをめくるときは、子どもたちとの"間"を大切にして。

いちにのさんぽ

「いちに いちに いちにのさんぽ」と歩いていくと、アリや動物たちに出会って、いっしょに散歩をして…。外に出たくなる1冊です。

作・絵／ひろかわ さえこ
アリス館

読み聞かせポイント

お散歩のときにまねをして、みんなでかけ声をかけながら世界観を楽しんで歩いてみるのも素敵です。

おひさま あはは

太陽や木、小鳥や子イヌが「あはは」と大笑い。最後はぼくもお母さんといっしょに「あはは」。とびきりの笑顔に、思わず読み手も笑みがあふれます。

作・絵／前川 かずお
こぐま社

読み聞かせポイント

表紙のおひさまを見せるとみんな笑顔に！ 子どもたちの「あははー」が次々に飛び出してきます。

まだかな まだかな

動物の子どもたちがお母さんを待っています。人間の子どももお母さんを「まだかな」と待っています。お迎え時の親子の喜びが伝わります。

作／竹下 文子
絵／えがしら みちこ
ポプラ社

読み聞かせポイント

子どもたちは絵本の世界に感情移入をしています。裏表紙も人気なので読んであげましょう。

子どもの育ち

4月

Aちゃん：1歳0か月

♥ 4月のようす

新入園児のAちゃん、登園時にお母さんと園の門に入ってくる時点で泣いていて、泣いたまま抱っこで受け入れる。降ろそうとするとその気配に気づき、全身に力を入れてしがみついてきた。その後、音の出る玩具を出してあそぶと泣き止み、自分でもその玩具に手を伸ばし触っていた。

→ **読み取り**

10の姿 健康な心と体

✦ この場面での子どもの育ち

家庭と園の環境が違うことを理解し、感情を出していることは立派。抱っこがいいと全身で表現していて、担任に抱っこされると安心するようだ。音の出る玩具を気に入り、落ち着くことができた。玩具に手を伸ばしてあそぼうとして、少しずつ園に慣れてきている。

✳ 今後の手立て

自分から降りようとするまで、できるだけ抱っこをしてあげたい。ここは安心できる場所で、優しい保育者だと思ってもらえるように接していこうと思う。音の出る玩具もいろいろと揃えて、いっしょにあそびたい。

Bくん：1歳6か月

♥ 4月のようす

Bくんは、新担任の私とも楽しくあそんでくれるが、困ったときや午睡の際は私がそばに行くと嫌がるそぶりを見せる。0歳児クラスから持ち上がりの保育者を泣きながら探してアピールし、その保育者が対応すると安心して泣き止み、お昼寝はトントンをしてもらって安心しているようだ。

→ **読み取り**

10の姿 自立心

✦ この場面での子どもの育ち

持ち上がりの保育者との信頼関係がしっかりとできている。困ったときや午睡時だけは、信頼している○○先生に関わってほしいと思っているのだろう。嫌と言われると少し寂しいが、1年間のつながりにはかなわない。他者を信頼していることは、育ちの証といえる。

✳ 今後の手立て

持ち上がりの保育者を求めた際にはできるだけその要求に応え、安心感を与えていく。しかし、あそびの場面では、自分も「楽しい先生だな!」と思ってもらえるように、積極的に関わり、慣れていければと思う。

ねらい

* 園生活やいろいろな保育者に慣れ、安定して過ごす。
* 春の自然にふれながら、散歩や戸外あそびを楽しむ。
* 好きな物を自ら食べようとする。

チェックリスト 🖉

☐ スキンシップやふれあいあそびで、子どもの気持ちを受け止める。

☐ 手洗いが自分でできるように、踏み台を用意する。

☐ 十分にあそび込めるよう、大きめのブロックなどのコーナーをつくる。

☐ 水道、すべり台、ブランコなど興味を示す場には必ず保育者がつく。

☐ 懇談会では1年の見通しや、子どもの成長について伝える。

あそび

（1対1）（見立て）

くぐって山登り

ねらい

＊ 全身を使った動きと保育者とのふれあいを楽しむ。

\ あそび方 /

① 大きな トンネル

保育者が両手・両ひざを床につけ、大きなトンネルを作ります。子どもがおなかの下をくぐります。

② 小さな トンネル

保育者が座って片手を床につけ、小さなトンネルを作ります。子どもが脇の下をくぐります。

ちっちゃなトンネル〜

③ 山に 登って

保育者が両ひじから下・両ひざを床につけ、山を作ります。子どもが背中によじ登ります。

よいしょ よいしょ

④ 高い山 低い山

子どもが背中に乗ったら、「高い山・低い山」と言いながら、保育者が背中を上下に動かします。

高い山〜

ことばかけ

「○○ちゃん、いろいろなトンネルをくぐって山登りに行こう」

保育者の援助

「よいしょ、よいしょ」などと子どもの動きを促す言葉かけをします。子どもの発達に合わせて動きの大きさを加減しましょう。

バリエーション

いろいろトンネル

保育者が足を開いて立ち、子どもがくぐります。また、保育者が足を開いて片手をつき、その下を子どもがくぐります。

1対1　やりとり

グーチョキパー

＼ あそび方 ／

1 グーで

子どもと向き合います。「じゃんけん…グー!」と
言ってグーの形を見せながら「グーはクマさんだ、
ガオー」と言って子どもをくすぐります。

2 チョキで

「じゃんけん…チョキ!」と言ってチョキの形を見
せながら「チョキはつんつん」と言って、子どもの
おなかをつんつんします。

つんつん

3 パーで

「じゃんけん…パー!」と言ってパー
の形を見せながら、「パーは、いない
いないばあ」と言って、いないいない
ばあをします。

ばあ！

ことばかけ

「じゃんけんって知ってる？　手を閉じると
"グー"だよ」

保育者の援助

グーやパーなど手の形を見せたら、子どもにもまねし
てもらいましょう。チョキはまだ難しいですが、興味を
もってまねっこしてあそびたくなります。

あそびのヒント

手の形を見せる

あそぶ前にグーチョキ
パーの手の形を子ども
に見せます。勝ち負け
の意味は当然まだわかり
ませんが、「じゃんけん…
グー!」というリズムを楽
しみましょう。

じゃんけん…
チョキ！

感触あそび　砂

お山を作って崩して

準備する物

シャベル、バケツ

\ あそび方 /

① 大きな山を作る

子どもたちに1個ずつバケツを配り、自分のバケツに砂を入れます。保育者がバケツを逆さにして大きな山を作ります。

② 大胆に崩す

できた山を子どもたちに崩させます。手で壊したり、足でキックして壊したり、思いきりあそびましょう。崩したらまた山を作ってあそびます。

ことばかけ

「大きなお山を作るよ。バケツに砂を入れて、先生のお手伝いをしてね」

保育者の援助

砂が飛び散って、子どもの目や口などに入らないよう十分注意します。おしぼりを用意しておくなどしてあそんでもよいでしょう。

バリエーション

自由にあそぶ

大きな山を作ったらトンネルを掘ったり、拾った葉っぱや小枝などを用意しておき、子どもが飾りつけたりしてあそびます。

1対1　やりとり

引っ張れ　引っ張れ

ねらい
* 繰り返しの行為のおもしろさを味わいながら、気分を発散する。

準備する物
出てくるティッシュ箱

\ あそび方 /

1 保育者が箱を持つ

出てくるティッシュ箱の両端を持って立ち、「引っ張れ、引っ張れ!」と声をかけます。

2 ハンカチを引っ張る

子どもはハンカチの端を引っ張り、最後の1枚が出るまで引き出してあそびます。順番を交代して繰り返しあそびましょう。

キャーッ!

どんどん
引っ張れー

ことばかけ

「箱の中に何かあるね。引っ張ってみようか。何が出てくるかな?」

保育者の援助

子どもがハンカチを引っ張っているときは、「スルスルー!」などと声をかけます。中に入れるハンカチの大きさを変えてもおもしろいでしょう。

作り方

出てくるティッシュ箱

 →

薄手のハンカチを20枚用意し、絵のようにかた結びをする。これを端からティッシュ箱に入る幅に、じゃばらに畳む。

ティッシュ箱の底の3辺に切れ目を入れ、中に畳んだハンカチを入れる。底を閉じてテープで留める。

運動あそび **バランス感覚** **脚 力**

ねらい

＊ 保育者の足にのって歩くことを楽しむ。

あんよで１、２、ストップ！

＼あそび方／

① 子どもと向かい合って立ち、両手をつなぎます。

② 保育者の足の甲の上に、子どもの足をそれぞれのせます。

③ 保育者が後ろ歩きをして、「１、２、ストップ」と言ってから止まります。何度か繰り返しましょう。

保育者の援助

後ろ歩きをするので、障害物のない広い場所で行います。

１、２、ストップ
１、２、ストップ

保育者は、子どもの歩幅に合わせて、ゆっくりと後ろ歩きします。

運動あそび **バランス感覚** **脚 力**

ねらい

＊ 物の動きを目で追いかける。
＊ 体を支える力を養う。

しこを踏もう

＼あそび方／

① 両足を開いてひざを軽く曲げて立ち、ひざに手をのせます。

② 片足ずつ上げて、すもうのしこを踏む動きをします。

あそびのポイント

みんなで円になり、「よいしょ、よいしょ」と声をかけながら、しこを踏んでみましょう。

うまくバランスがとれない場合は、保育者が脇を支えましょう。

Part
1

クラスづくり

5月

手あそび うたあそび

🎼 おてんとさん

1 おてんとさん
おてんとさん

ハンカチなどで顔をかくす。

2 しょうじ あけろ

顔を少しのぞかせる。

3 まどあけろ

うたい終わると同時に勢いよく
ハンカチをとって顔を出す。

♩=90

わらべうた

おてんと さん　おてんと さん　しょう ーじ あけろ　まどあけ ろ

🎼 さるのこしかけ

1 さるのこしかけ…
めたかけろ

子ども数人を足の上にのせて、歌に
合わせて上下に揺らす。

2 「どっしーん」

足をすばやく開いて子どもを
足の上から落とす。

🐑 あそびのポイント

**輪になって座布団に座り
駆け寄ってあそぶ**

座布団を丸く並べ、「…めた
かけろ」とうたいながら子ども
を1人ずつ座らせます。全員座
ったら「どっしーん」とうたい、
子どもは中心にいる保育者の
もとへ駆け寄るというあそびで
も楽しめます。

♩=84

自由に繰り返す　　　　　　　　　わらべうた

さるの こしかけ　めたかけ ろ　　めたかけ ろ　　どっしー　ん

🎼 とんとんどなた

1 とんとん どなた

人差し指で子どもの頭を軽く
4回つつく。

2 こやのねずみ

鼻を軽く4回つつく。

3 おやまあ おはいり

片方の肩を軽く2回たたき、
次にもう片方の肩を2回たたく。

4 とことここ

脇の下をくすぐる。

🐑 あそびのポイント

保育者2人が両手をつなぎ「家」を作ります。歩き始めた子どもの歩行を促すあそび方で、発表会などにも使えます。

1 とんとん どなた	**2** こやの ねずみ	**3** おやまあ おはいり	**4** とことここ
戸をたたくしぐさをする。	保育者は子どもの側の手を離す。	子どもを招き入れる。	保育者の手の中に入る。

♩=80 語りかけるように

わらべうた

とん　とん　ど　な　た　こ　や　の　ね　ず　み

お　や　まあ　お　は　い　り　と　こ　と　こ　こ

みいたんのぼうけん

紙袋で作ったこいのぼりといっしょに冒険へ出かけたみいたん。海に落ちそうになって危機一髪のところ、意外な展開で無事に家へと帰ります。

読み聞かせポイント

しかけ絵本なので、下読みをしてからスムーズにページをめくりましょう。こいのぼり製作前におすすめです。

さく／小川 ナオ
え／いもと ようこ
学研プラス

そらまめくんと おまめのなかま

さやの中にいるのは、どんなおまめ？ えだまめくん、ピーナッツくん、さやえんどうさん…。そらまめくんのなかまがかわいい絵とともに紹介されています。

読み聞かせポイント

中から飛び出すときのオノマトペも魅力。読んだあとは、実際にソラマメなどにふれてみましょう。

さく／なかや みわ
小学館

でんしゃがゴットン

動物たちを乗せた電車が出発進行。町を走り、踏切を越え、トンネルを抜けて山の駅を目指します。ゴミ収集車や貨物列車も登場する楽しい絵本。

読み聞かせポイント

鉄橋や山の場面ではゆっくり読むなど、読むスピードに少し変化をつけて読むのも楽しいですね。

著／冬野 いちこ
岩崎書店

くまとりすのおやつ

リスとクマが木イチゴ摘みに出かけます。「なってるか なってるよ すっぱいか あまいだろ」と、わらべ歌のようなリズムが心地よい絵本。

読み聞かせポイント

「なってるか なってるよ」の部分は、掛け合いのようにテンポよく、弾むように読むとよいでしょう。

ぶん／きしだ えりこ
え／ほりうち せいいち
　　　もみこ
福音館書店

ねむいんだもん

ウマ、パンダ、ウサギ、ゾウ、アザラシ、フクロウ、ラッコ…。いろいろな動物たちのお昼寝のようすを写真で紹介。愛らしい寝姿に笑みがこぼれます。

読み聞かせポイント

やさしい言葉の響きが続くので、お昼寝前にピッタリ。ゆったりのんびり写真絵本の世界を感じましょう。

しゃしん／福田 幸広
ぶん／ゆうき えつこ
そうえん社

いたいのいたいの とんでいけ！

転んでおでこを打った男の子が「いたいの　いたいの…とんでいけ！」をすると本当に飛んでいき、イヌやスズメ、ネコと順にくっついて…。

読み聞かせポイント

保育者が「とんでいけ」と飛ばしたら、子どもたちが「ぱくっ」と食べるなど、やりとりをしても楽しい！

作／山岡 ひかる
絵本館

読み取ろう 子どもの 育ち

Cくん：1歳1か月

♡ 5月のようす

　園庭で壁に手をつきながら側溝の段差を上っていたCくん。下りる際は、足を前に"出し戻し"を繰り返していたが、結局おしりをついて下りた。何度か繰り返したあと、最後には用心深く足を前に出して、立って下りることができた。その際、転んだが泣かずに起き上がって歩き続けた。

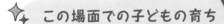
読み取り

10の姿
思考力の芽生え

✦ この場面での子どもの育ち

　段差のあるところへ行って上り下りに挑戦し、探求心が育ってきている。上るのは平気だが下りるのは怖いのだろう、とても慎重だ。それでもまた諦めず挑戦する気持ちがすごい。挑戦しているときの表情は真剣で、転んでも泣かないんだなと感心した。

✳ 今後の手立て

　探索の範囲が広がってきているので、すぐ対応できるようそばについて安全には十分注意していく。挑戦を繰り返しているときは見守り、できた際には共に喜び、「またやってみたい」気持ちを育てていきたい。

Dちゃん：1歳8か月

♡ 5月のようす

　芝生に座って真剣な顔で手を動かしていたので、「何しているの?」と聞くと、カップ容器を保育者にほこらしげに差し出した。見ると"カラスのえんどう"の草の種がたくさん入っていた。この間までは種の袋は割ってもらっていたのに、今日は指先で上手に割って種を出していた。

読み取り

10の姿
自然との関わり・生命尊重

✦ この場面での子どもの育ち

　この間まで「やって」と差し出していたのに、指先を上手に使って種の袋を裂いていたのにはびっくりした。指先に力を入れられるようになり、難しいこともできるようになってきている。自然の草花が子どもにとってなによりのあそび道具になるのだなと実感した。

✳ 今後の手立て

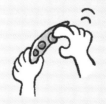

　指先や手を使ってあそべる穴おとし、シール貼り、テープはがし、スナップかけなどの手作り玩具を用意したい。なぐり描き、粘土などもよさそうだ。一人でじっくりとあそべる場所を保障していきたい。

6月

ねらい

* 梅雨のジメジメした時期を快適に過ごす。
* 保育者といっしょに体を動かし、好きなあそびを楽しむ。
* 保育者のまねをして体操を楽しむ。

チェックリスト ✏

- ☐ 好きなあそびを見つけられるように、室内環境を整える。
- ☐ 麦茶などを十分に用意し、体を動かしたあとには水分補給をする。
- ☐ 援助用のスプーンなど用意し、食材を食べやすい大きさにする。
- ☐ じっくりと製作活動ができるように、少人数ずつ分かれて行う。
- ☐ 汗をかきやすい時期なので、着替えを多めに準備してもらう。

あそび

（1対1）（見立て）

がたごと車

準備する物

ホース、クラフトテープ

ねらい

＊ 体のバランスをとりながら、車の運転に見立てたふれあいを楽しむ。

\\ あそび方 /

1 ひざの上で出発

保育者はいすに座り、子どもをひざにのせます。「しゅっぱーつ」と言いながら、子どもがハンドルを持ち、保育者は足を小さく上下に動かします。

2 揺らす

「がたごと」と言いながら、保育者が足を大きく上下・左右に動かします。

3 すべらせて下ろす

「着きました」と言いながら、保育者は足を伸ばします。子どもを支えながら、足の上をすべらせて下ろします。

ホースをつなげたハンドル

クラフトテープで留める

がたごと

着きました

ことばかけ

「車を運転手するよ。○○ちゃん、しっかりハンドル握っててね」

保育者の援助

子どもの反応に合わせて、上下に足を動かすときは強弱をつけます。ハンドルは、子どもの体に合う、持ちやすい大きさに作りましょう。

バリエーション

いろいろな動きを入れて

「曲がりまーす」「止まりまーす。キキーッ」など言葉に変化をつけながら、保育者が体を斜めに傾けたり、急に動きを止めたりしてみましょう。

曲がりまーす！

93

見立て　段ボール箱

お山を作ろう!

ねらい

＊ 高く積んだり崩したり、ダイナミックなあそびを楽しむ。

準備する物

大きめの段ボール箱

\ あそび方 /

① 段ボール箱を重ねる

初めは段ボール箱を子どもが1個ずつ積み重ねていきます。

② どんどん重ねる

子どもの手が届かなくなったら、保育者が抱っこして積み上げます。

そっとね!

③ 崩す

ある程度積み上がったら、保育者が「せーの!」と声をかけ、子どもが一気に崩します。

えいっ!

ことばかけ - - - - - - - - - - - - - - - - -

「箱を持ってどんどん積み上げてみよう。高いお山、作れるかな?」

保育者の援助

子どもの背丈より高くなるので、目を離さないようにします。広い場所で行い、段ボール箱は当たっても痛くない、軽めのものを用意すると安心です。

バリエーション

お部屋を作る

小さめの段ボール箱を2個くらい積み上げ、囲むように並べます。子どもはお部屋にしてあそびます。

1対1 **リズムあそび**

ドレミファおやさい

\ あそび方 /

1 子どもの腕を 上がっていく

向かい合って座ります。保育者は子どもの手を取り、ドレミの音階に合わせて「ドレミファ ニンジン」とうたいながら、指でつついて肩まで上がります。

2 うたいながら下がる

ドシラソの音階に合わせて「ドシラソたべたい」とうたいながら、肩から手の甲までつついて下がってきます。

3 食べるまねをする

保育者は子どもの手を両手ではさみ、ムシャムシャ食べるまねをします。

ドレミファ
ニンジン〜

♪ドシラソ〜

ムシャ
ムシャ

ことばかけ

「あっ！ おいしそうなニンジン、みーつけた!」

保育者の援助

子どもの反応に合わせて、テンポを遅くしたり速くしたり変化をつけてみましょう。食べるまねは、「おいしい。○○ちゃんも食べますか」などやりとりを楽しみます。

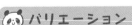バリエーション

足を使っても

足首からひざに向かって「ドレミファ ジャガイモ」で上がっていきます。ひざまできたら、「ドシラソたべたい」で下がっていき、最後は足を食べるまねをしましょう。

ドレミファ
ジャガイモ♪

入れて！　入れて！

\ あそび方 /

① 袋を左右に動かす

低い位置で保育者がビニール袋を持って左右に動かし、そこに子どもたちがボールを入れます。

② 移動する

慣れてきたら保育者が少しずつ移動し、「こっちよ、入れて、入れて！」とテンポよく声をかけます。子どもたちはそれを追いかけながらボールを袋に入れていきます。

今度はこっちよ

入れて！入れて！

ことばかけ

「ボールを袋にポンと入れてね。上手に入れられるかな？」

保育者の援助

移動するときは1か所にとどまらず、少しずつ移動します。徐々に子どもの目線より高い位置に袋を上げていくなど、高さに変化をつけてもよいでしょう。

バリエーション

追いかけ玉入れ

保育者が「こっちよー！」と言い、箱を引きながら逃げます。それを子どもたちが追いかけながら玉入れ風にしてあそびます。

こっちよ～

みかん箱くらいの大きさの箱にひもをつけ、クラフトテープでとめる。

運動あそび **バランス感覚** **空間認知力**

のって下りて

\ あそび方 /

1 マットの上に跳び箱の1段目を置きます。

2 跳び箱の上にのり、マットに向かって下ります。これを繰り返します。

保育者の援助 · · · · · · · · · · · · · · · · · ·

よちよち歩きのときは、少しの段差も子どもにとっては難関。ふらついて不安定な場合、手をつないで支えましょう。

ね ら い

* 安定して歩こうとする。
* のったり下りたりを楽しむ。

準備する物

跳び箱の1段目、マット

マットがずれないよう注意を払いながら、そばで見守ります。

Part **1**

クラスづくり

6月

運動あそび **バランス感覚** **回転感覚**

ぐるぐる回ろう

ね ら い

* 回転する感覚を経験する。
* 友達と同じ動きをして楽しむ。

\ あそび方 /

🍎 両手を上にあげて指先を見ながら、その場でぐるぐると回転します。

保育者の援助 · · · · · · · · · · · · · · · · · ·

目が回らないように上にあげた指先を見るよう声をかけましょう。また、周囲に危ないものがないかなど安全面に配慮します。

いっしょにぐるぐるしよう

指先を見ながら回転すると、目が回りづらくなります。

トウキョウト にほんばし

1 トウキョウト

子どもの手をとり、手の甲を
リズミカルに3回たたく。

2 にほんばし

手の甲を2本の指でなでる。

3 カキガラチョウの

手のひらを引っかく。

4 つねこさん

手の甲を軽くつねる。

5 かいだん のぼってー

人差し指でつつきながら手
の甲から腕をのぼり、肩のほう
へ進み、「てー」で肩にうず巻き
をかく。

6 こちょ…こちょ

子どもの脇の下をくすぐる。

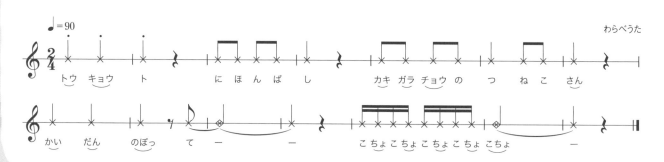

わらべうた

♩=90

トウ キョウ ト　にほんばし　カキ ガラ チョウ の　つ ねこ さん

かい だん のぼっ て ー　こちょこちょこちょこちょ こちょ ー

まねっこはみがき

1 [1番] ぞうさん のはみがき

リズムに合わせて6回拍手する。

2 シュシュシュシュ シュシュシュ

歯ブラシを持って歯をみがくしぐさを大きく行う。

3 パァ

両手をあげ「パァ」と言う。

4 まねっこ …パァ

❶〜❸と同様にする。

5 [2番] …うがい ゴロゴロ…パァ

❶と❸は1番と同様。❷は「ゴロゴロ…」と言いながらのどをくすぐる。

6 [3番] …かおあらい ジャブジャブ…パァ

❶と❸は1番と同様。❷は「ジャブジャブ…」と言いながら顔を洗うしぐさをする。

あそびのポイント

慣れてきたら替え歌を作り、大きなカバの大きな歯みがきや、小さなリスの小さな歯みがき、もっと小さなアリの歯みがきを表現してみましょう。

♩=100 はつらつと　　　　　　　　　　　　作詞・作曲・振付／浅野ななみ

1.〜3. ぞ う さん の｛はみがき／うがい／かおあらい｝ ｛シュシュシュシュシュシュシュ パァ／ゴロゴロゴロゴロゴロゴロゴロ パァ／ジャブジャブジャブジャブジャブジャブジャブ パァ｝

まねっこ みんなで ｛シュシュシュシュシュシュシュ パァ／ゴロゴロゴロゴロゴロゴロゴロ パァ／ジャブジャブジャブジャブジャブジャブジャブ パァ｝

絵本

だーれの は？

いろいろな動物たちが大きな口を開けて歯を見せます。草をすりつぶすゾウの奥歯、木の実をかじるリスの前歯など、歯の役割や大切さを伝える1冊。

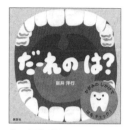

作／新井 洋行
講談社

読み聞かせポイント

虫歯予防デーの前に読んで、元気な歯の大切さを伝えます。最後は鏡に歯を映して見ても◎。

ぶーんぶーん

お父さんシロクマが足に子シロクマを乗せてぶーんぶーん。今度は脇に抱えて飛行機になってぶーんぶーん。父子のあそぶようすが楽しく描かれます。

作・絵／とよた かずひこ
岩崎書店

読み聞かせポイント

雨の日の室内あそびにオススメ。子どもを飛行機にして、保育室一周の旅へ出発すると盛り上がります。

あめふりさんぽ

雨の日の散歩に出かけた女の子。カタツムリに傘を貸したり、折れたアジサイを長ぐつの花瓶に差したり…。気持ちが晴れやかになるお話です。

作／えがしら みちこ
講談社

読み聞かせポイント

読んだあとは子どもたちと本物のアジサイを見に出かけて、この時期ならではの自然を楽しみましょう。

いけのおと

雨の音や虫の羽音、オタマジャクシの泳ぐ音、カエルの鳴き声など、森の中の小さな池はとっても賑やか。小さな生き物のようすが伝わってきます。

さく／松岡 達英
福音館書店

読み聞かせポイント

まずは保育者が池の音を想像してみましょう。ウシガエルの声も事前に調べておくと、読み方のヒントに。

くれよん ぐるぐる

赤のクレヨンでぐりぐり描いたらイチゴが完成。黄色のクレヨンでぐるぐる描いたらお日様に。自由な発想で描くお絵描きをまねしてみたくなります。

さく／まつなが あき
え／はやし るい
くもん出版

読み聞かせポイント

読んだあとはみんなで描ける大きな模造紙を用意し、会話を楽しみながら思い思いに描いてみましょう。

どうぶつ だあれかな

子ライオンがいろいろな動物と出会います。長い鼻のゾウ、ギザギザしっぽのワニなど、動物のお尻や尾から、何の動物か当てっこあそびができます。

え／かきもと こうぞう
ぶん／はせがわ さとみ
学研プラス

読み聞かせポイント

「だあれかな？」のあとは、すぐにページをめくらず、子どもの反応を見ながら読み進めましょう。

\読み取ろう/ 子どもの 育ち

Eくん：1歳3か月

💗 6月のようす

朝から厚い雲に覆われていたが10時には薄日が差してきたので、準備をして園庭へあそびに出た。するとEくんは、水たまりに靴でそっと入っていく。友達もやって来て水たまりでバシャバシャするのを見ると、同じようにしてあそびだした。その後も2人でキャーキャーと声を出して楽しんでいた。

➡ 読み取り

10の姿
豊かな感性と表現

✨ この場面での子どもの育ち

久しぶりの戸外あそびに子どもたちはみな気持ちよさそうだった。偶然できた水たまりは、好奇心を満たしてくれたようだ。靴がビショビショになりそうだと思ったが、あの楽しそうな顔を見ていたら止められなかった。保護者には、あそびのようすを話して謝ろうと思う。

✳ 今後の手立て

晴れたときは短い時間でも戸外に出るようにしたい。水たまり、草花の水滴、アジサイ、カタツムリ、雨の匂いなど、雨上がりの自然に触れていこうと思う。またこの季節、気持ちを発散できるあそびを工夫していきたい。

Fちゃん：1歳8か月

💗 6月のようす

今日の昼食は、白いごはんしか食べなかった。昨日はよく食べたブロッコリーを今日は口から出し、鶏肉の照り焼きは食器からスプーンでテーブルに出したりしていた。日によって食べむらがある。おかずをテーブルに出した際に、「それはやってはいけないよ」と伝えると、泣いてしまった。

➡ 読み取り

10の姿
道徳性・規範意識の芽生え

✨ この場面での子どもの育ち

その日によって食欲に差があり、食べられる量が安定しない。それでもよく食べる日もあり、食材の好き嫌いで食べないということではなさそうだ。食べ物をお皿の外に出したことを指摘されて泣いたが、注意された理由については理解できたようだ。

✳ 今後の手立て

調理法で食べむらがあるので、フォークで刺せるものや、指先でつまめるものを用意するなど、自分で食べた実感をもてるように調理師と相談したい。また、楽しい食事になるような言葉をかけたいと思う。

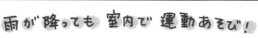

第2期 7～9月の 保育の見通し

雨が降っても 室内で 運動あそび！

トコトコ

1本橋、渡ろう

🐶 天候に合わせて臨機応変に

雨が降ったり、気温が高すぎたりと天候が安定しませんが、どんな天候でも臨機応変に対応できるよう、計画を立てておきましょう。

保育の見通し　生活面

みんなで食べれば、好き嫌いもへっちゃら

好き嫌いがはっきりしてくる時期。保育者や友達といっしょに「おいしい」と言って食べることで、食べる意欲につながります。食事は楽しくできるよう配慮しましょう。

保育の見通し　あそび面

子ども同士であそべるよう保育者が仲立ちになって

友達と"いっしょ"がうれしい子どもたち。子ども同士がいっしょにあそべるように、保育者がそばで援助をしましょう。ごっこあそびも間に入ることで、あそびが広がります。

🐶 友達と"いっしょ"を楽しんで

友達と同じあそびを楽しめるように、保育者が間に入り、つながりを仲介しましょう。友達といっしょにあそぼうという気持ちをもち始めます。

🐶 生活面も、友達と"いっしょ"に

食事や着替えなどの生活面でも、友達のようすを見ることで、「自分もやってみよう」という意欲が湧いてきます。

保育の見通し **人との関わり**

保育者が間に入って

自分の気持ちをまだ言葉で伝えられない時期、友達を押したり、かんだりといったトラブルが多くなります。保育者が間に入り、両者の気持ちを聞き、お互いの思いを言葉で伝えられるようにしましょう。

保育の見通し **保護者対応**

かむ、引っかくのトラブルは先に伝えることで安心を

友達をかむ、引っかく、押すなどのトラブルが頻発する時期であることを、おたよりなどであらかじめ保護者に伝えておきましょう。よくあることだと知ることで、保護者も安心感を得られます。

保育の見通し **安全面**

こまめに水分補給を促し、体調管理に気をつけて

気温が高い夏は、子どもの体調も不安定です。水分補給を促し、家庭でのようすも合わせて、早期に体調の変化に気づけるような配慮が必要です。

生活とあそびを
支える

7〜9月の 環境構成

雨がちな季節は
室内で "静" と "動" で
あそびの切り替えを

経験を
重ねる

戸外活動の時間が制限される時期。机上あそびや構成あそびなどの"静"のあそびと、マットあそびやダンスなどの"動"のあそびを少人数ずつ分けて行い、メリハリをつけてあそびましょう。

じっくりあそび込めるよう
一人一人のスペースを確保して

安定した
生活

友達のことが気になるものの、まだまだ一人あそびが楽しい時期。一人一人のあそびスペースを確保し、じっくりとあそび込める環境を整えましょう。

磁石あそびは、知的好奇心を引き出します。

「やってみたい」を引き出す
泥や絵の具の感触あそび

経験を重ねる

夏は泥・泡・絵の具あそびなどの感触あそびが楽しい時期。気温が高い日は時間を調整するほか、室内の涼しい環境で行うのも一案。レジャーシートや人口芝を利用することで、泡あそびも室内で楽しめます。

> 水あそび、大好き！

どのスペースも
快適に過ごせるように

安定した生活

> 涼しくお昼寝できるね！

保育室内は冷房を使い、適した温度、湿度を保つように調整を。同じ保育室内でも、窓際は日当たりがよく暑く感じることも。保育室内のどの場所でも快適に過ごせるように配慮しましょう。

絵本やパネルシアターで
言葉のシャワーを

発達を促す

言葉の発達が著しい時期、子どもは保育者が話す言葉や耳に届く言葉をなんでも吸収します。絵本やごっこあそび、シアターなどでも使ってほしい言葉を意識しましょう。保育者は美しく、正しい言葉づかいで子どもと関わりたいですね。

> この時期に合った絵本を棚に置いて

保育者の援助

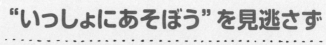

"いっしょにあそぼう" を見逃さず
友達と関われる橋渡しを

いっしょに
やろっか！

友達が気になるけれど、関わり方がわからずに、押してしまったり、玩具を取ってしまったり…。保育者が間に入り、気持ちやしぐさを代弁して橋渡しすることで、子どもたち同士であそぶきっかけをつくりましょう。

♡ 発達に合わせた援助

友達があそぶようすをじっと見るなど、気にしているようなら "いっしょにあそびたい" のサイン。保育者が「〇〇ちゃんもいっしょにする？」と声をかけ、同じあそびができる環境をつくりましょう。

リズムに合わせて
体をのびのびと動かそう！

子どもは音楽に合わせて体を動かすのが大好き。保育者もいっしょになって、思いきり体を動かしましょう。振り付けを子どもたちが覚え、「また踊りたい」とリクエストがあれば、その気持ちに応えて楽しみましょう。

♡ 発達に合わせた援助

踊りをテーマにした絵本を導入にすると、世界観が広がり、さらに楽しめます。ダンスに消極的な子も、お話の世界から入ることで、体を動かす楽しさを実感できるでしょう。

先回りせずに、「待つ」「聞く」姿勢で!

子どもの思いに耳を傾けることで、子どもは自分の思いを話してくれます。また、子どもが「やってみよう」とすることを見守ることで子どもの支えになります。ゆったりと構えて、目を見てほほえみましょう。

発達に合わせた援助

自分の思いを言葉にできない子には、思いを汲み取って気持ちを代弁します。うなずくなどの意思表示があるはずです。

「同じだね」を共有できる玩具の数を保障して

友達の使っている玩具に興味をもち、いっしょにあそぼうとすることが増えてきます。玩具は子どもたちが一度に使えるよう、数を用意することで互いが満足してあそべます。

発達に合わせた援助

同じ玩具をもつ子のなかにも保育者が入り、使い方を伝えたり、あそびを広げたりすることで、あそびがぐんとふくらみます。

Part 1 クラスづくり 7～9月

出なくてもOK! トイレに座る経験をし、少しずつトイレトレーニングに移行を

行ってみようか?

「ちっち(おしっこ)!」と、尿意を言葉やしぐさで保育者に伝えることがあります。そんな時には、少人数ずつトイレに誘って行ってみましょう。「お兄さん、お姉さんといっしょ」というあこがれから、意欲につながることも。上のクラスの子たちが自分で排泄をしている姿を見せるのも刺激になります。

発達に合わせた援助

膀胱の発達は個人差があるため、ようすをみてトイレに誘います。トイレに座ってみるだけでもOK。少しずつトイレの環境にも慣れていきます。トイレで排尿できたときはたくさんほめ、自信につなげましょう。

7月

ねらい

* 水や砂などにふれて、保育者や友達といっしょに楽しむ。
* 衣服を保育者に手伝ってもらいながら、着脱する。
* 簡単な言葉で思いを表そうとする。

チェックリスト ✏

☐ 水あそび用のたらいやマット、玩具などを準備する。

☐ 手の洗い方がわかるイラストなどを、手洗い場の壁に貼る。

☐ トイレは常に清潔に保ち、明るく親しみのもてる場づくりをする。

☐ 手の届く場所に季節を感じられる絵本を置く。

☐ 夏に多い感染症や脱水症状について保護者に知らせ、注意を促す。

あそび

（体を動かす）（布団）

布団の山登り

ねらい
＊ 足腰を動かし、バランス感覚をやしなう。

準備する物

布団

あそび方

① 布団の山を作る

午睡前に子どもたちの布団を重ね、山の形にします。

② 登ってあそぶ

「みんなでお山に登ろう！ よーい、どん！」と声をかけ、みんなで一斉に登ります。

ことばかけ

「ふかふかの大きなお山ができました！みんなで登ってみようね」

保育者の援助

月齢の低い子には無理強いをしないようにしましょう。また、危険がないよう子どもたちから目を離さないようにします。

バリエーション

バスタオルぶらんこ

バスタオルの上に子どもをあお向けに寝かせ、タオルの端を持ち上げて、ゆっくり揺らします。「いち、にの、さ～ん」で、片側のタオルだけ放して布団の山の上に転がします。安全に注意しながら、低い位置から転がします。

いちにのさーん

大雨・小雨

準備する物

水道ホース、バケツ

\あそび方/

① 指先で水をかける

保育者がバケツに入れた水を指先につけて、「パッパッ」と言いながら子どもたちにかけます。

② 両手ですくって

保育者が水を両手ですくって、「パア〜」と言いながら子どもたちにかけます。

③ 霧状にして

ホースの口を指先でぎゅっとつぶして、水の出る口を細くします。霧状にして子どもたちにかけます。

ことばかけ

「お水、ひんやり冷たくて気持ちいいよ。みんなもさわってみようか」

保育者の援助

水に恐怖心をもたないよう、バケツに入った水に手を入れてみてからあそんでもよいでしょう。タオルと着替えの用意もしておきます。

バリエーション

ホースのトンネル

保育者がホースから勢いよく水を出してトンネルを作ります。子どもはその下をくぐってあそびます。

見立て　体を動かす

動物まねっこ

ねらい
＊ 動物のまねをすることを楽しむ。

準備する物

紙袋、ウサギのぬいぐるみ

\ あそび方 /

1 子どもに 袋を見せる

ウサギのぬいぐるみを入れた紙袋を持ち、「ここから動物さんを出すと、みんなその動物さんになっちゃうよ。いい?」と聞きます。

2 ウサギを 取り出す

「いいよ」と返事が返ってきたら、保育者は紙袋からウサギのぬいぐるみを取り出します。

3 ウサギの まねをする

「ウサギさんだ! ピョンピョン」と言いながら跳ね、まずは保育者がまねをします。子どもたちを促し、みんなでまねをします。

動物さんに
なっちゃうよ

ことばかけ

「この紙袋には、お耳が長い動物さんがいるんだけど…何かな?」

保育者の援助

子どもが知っている動物のぬいぐるみを用意します。紙袋から取り出す前に、「あなたはどんな鳴き声ですか?」と話しかけても楽しめます。

🐼 バリエーション

動物を変えて

イヌのぬいぐるみを入れた紙袋と見せて、「今度は誰かな?」「あっ、イヌさんだ!」などと声をかけながら、同様にまねをしてあそびます。

今度は
イヌさんだ

感触あそび　　泥

泥んこじゃぶじゃぶ

ねらい

＊ 手足を使って、泥の感触を楽しむ。

準備する物

大きめのたらい、バケツ、カップ

\あそび方/

① 泥を作る

子どもたちはバケツやカップを持ち、砂や水をたらいに運び入れて泥を作ります。

② 泥をさわる

泥の中に手を入れたり、足を入れて踏んでみたり自由にあそびます。丸めておだんごを作ったりしても楽しいでしょう。

キャー！

ことばかけ

「きょうは暖かいから、泥であそぼう。泥、さわったことある？」

保育者の援助

水は保育者が少しずつ入れて、固さなどを調整してもよいでしょう。泥が飛び散って、子どもの目や口に入らないよう見守ります。

バリエーション

ミックスジュース作り

「いろいろ混ぜて、ミックスジュースを作ろう」と言い、花や葉っぱを泥の中に入れます。「ざらざらだね」「ぬるぬるするね」と手ざわりを言葉にしましょう。

運動あそび **バランス感覚** **協応性**

運転ごっこ

\ **あそび方** /

ホースの輪を持ってハンドルのようにぐるぐると回しながら自由に動きます。

🐰 **あそびのポイント**

子どもが運転手になりきって楽しく動けるようテンポのよい音楽を流して、歌をうたいながら行ってもよいでしょう。

ね ら い

＊ 歩く意欲を高め、友達といっしょになりきることを楽しむ。

準備する物

ホース、クラフトテープ（P93参照）

Part 1

クラスづくり

7月

運動あそび **懸垂力** **脚力**

タオルの引っ張りっこ

\ **あそび方** /

① 保育者は子どもと向かい合います。立っている子どもとひざで立つ保育者がタオルの両端を持ちます。

② 互いにタオルを引っ張りながら、体を前後に動かして、押したり引いたりします。

🐱 **保育者の援助** ・・・・・・・・

保育者は力加減に気を配り、子どものようすを見ながら引っ張る際に軽く力を入れるようにします。

ね ら い

＊ 腕の力を使ってあそび、引っ張ることを楽しむ。

準備する物

タオル

立ったままでは不安定なときは、座って引っ張ります。

113

🎼 なっとうとうさん

1 [1番] なっとうとうさん
つよいぞ つよい

両手をつなぎ、上下に4回振る。

2 ねばりづよ

両手をつないだまま、交差させる。

3 い

両手をつないだまま、大きく左右にひらく。

4 ぐるぐるかきまぜ

手を離し、それぞれ両手をグーにして、胸の前で上下にまわす。

5 ね

両手の指を組む。

6 ばねば

両手のひらを波打つように動かしながら左右にひらく。

7 どんなことでも

❹と同様にする。

8 ねばって

❺❻と同様にする。

9 ねばって

❺❻と同様にする。

10 あきらめない

❶と同様にする。

11 なっとうとう

❷と同様にする。

12 さん

❸と同様にする。

13 ねばねば
2・3番

お互いの脇をくすぐりあう。
2・3番は1番と同様にする。

あそびのポイント

まだ難しい子は、保育者が足をのばして座り、子どもを足の上にのせて
あそんでみましょう。

1 なっとうとうさん…
ねばりづよい

向かい合って両
手をつなぎ、上下
に軽く振る。

2 ぐるぐる…
あきらめない

両手をつないだ
まま、引っ張ったり
押したり
する。

3 なっとうとうさん
ねばねば

❶の後、子どもの
脇の下を優しく
くすぐる。

♩=100 明るくユーモアラスに

作詞・作曲・振付／阿部直美

1.～3. なっ とう と うさん つよいぞ つよい ねば りづよ いーーーー

ぐるぐるかきまぜ ねーばねば

どーんなことでも
どーんなときでも
きょーうもげんきに

ねばってー ねばってー

あきら め なーーーい
くじけ な いーーーー
がんば ろ うーーーー

なっ とう と う さん ねば ねばー

わにわにのおでかけ

眠れないわにわにが、人間の子どもたちについて行くと、そこは賑やかな夏祭り会場。金魚すくいをしたり花火を見たり、楽しい夏の夜を満喫です。

読み聞かせポイント

細かい描写が素敵な絵本。お祭りの場面では、じっくり、ゆっくりと絵を楽しみながら読みましょう。

ぶん／小風 さち
え／山口 マオ
福音館書店

かにこちゃん

浜辺に棲むかにこちゃんの1日を描いたお話。仲間のカニと波から逃れたり砂山を登ったり、夕日を見たり…。楽しい浜辺のようすが伝わってきます。

読み聞かせポイント

読後はカニさん歩きで、かにこちゃんに変身。こちんとぶつかる場面も再現してあそんでみましょう。

さく／きしだ えりこ
え／ほりうち せいいち
くもん出版

おばけなんてないさ

童謡「おばけなんてないさ」が5番まで描かれた歌絵本。貼り絵で表現された、愉快なおばけが魅力的。いっしょにうたいながら読み進めましょう。

読み聞かせポイント

こわがる子がいる場合は、保育者のひざの上で安心感を。楽しい雰囲気で読むようにしましょう。

絵／せな けいこ
ポプラ社

パンツの はきかた

かわいい子ブタが得意気にパンツのはき方を教えてくれます。巻末には楽譜が載っているので、歌に合わせて着替えに挑戦してみても◎。

読み聞かせポイント

パンツに切り替わった時期にぴったり。うたうように読むと、子どもたちも楽しくパンツをはいてくれます。

さく／岸田 今日子
え／佐野 洋子
福音館書店

ぺんぎんたいそう

ペンギンの親子が「いきをすって〜　はいて〜　くびをのばして〜　ちぢめて〜」とコミカルな動きの体操をするので、思わずまねをしたくなります。

読み聞かせポイント

プールの前の準備体操としてもおすすめ。まずは保育者が体を動かして促すと、参加しやすくなります。

さく／齋藤 槙
福音館書店

ぐるぐるジュース

リンゴ、バナナ、ミカンなどいろいろな果実を丸の中にどんどん入れます。牛乳とはちみつを入れてぐるぐる回せば、おいしいジュースの完成です。

読み聞かせポイント

回す場面では、指先で円をなぞります。ミックスジュースの手あそびと合わせても楽しいでしょう。

作／矢野 アケミ
アリス館

読み取ろう 子どもの 育ち

Gちゃん：1歳4か月

♡ 7月のようす

昼食中、コックリと眠ってしまうことがあるため、食べる時間を早めてみたところ、眠らずに食べられた。最後まで小さなパンを手に持ち、自分で食べて満足そうにしていた。
「自分で食べると、おいしいね」と声をかけるとにっこりし、今度は小さく切ったハンバーグを自分でフォークに刺し、じょうずに食べた。

↓ 読み取り

10の姿 健康な心と体

✦ この場面での子どもの育ち

早めに食べ始めるため、あそびを切り上げる時間を調整することで、1日の生活リズムも整ってきたように思う。生活リズムが整うことで、あそびにも食事にも意欲が湧き、自分でできることも増えているので、今後も続けていきたい。

❋ 今後の手立て

家庭環境や登園時間、月齢、体力、生活リズムが個々に違うことに配慮していきたい。できるようになったことをその場でたくさんほめ、また家庭にも伝え、連携して促せるよう細やかに情報共有をしていきたい。

Hくん：1歳9か月

♡ 7月のようす

他児を指差し「これは?」と、聞いてくる。「〇ちゃんよ」と、答えると「〇ちゃん」と言っている。〇ちゃんと手をつなぎたくて手を差し伸べるが、拒否されると「ん〜」と、怒り泣いていた。すると〇ちゃんから手をつないでくれて、Hくんはとてもうれしそうだった。

↓ 読み取り

10の姿 言葉による伝え合い

✦ この場面での子どもの育ち

「これは?」と、友達に関心が出てきたようだ。初めての友達の名前 “〇ちゃん” を覚えた日だなと思うと微笑ましい。その〇ちゃんと手をつなぎたいと思ったり、断られ悲しんだりと、さまざまな感情が育ってきていて、気持ちの表現もできるようになってきている。

❋ 今後の手立て

はっぱだよ

これは?

友達への関心が出てきたので、関係を深めていきたい。また、「これは?」と、興味のあることを聞かれたら、ゆっくりとした言葉で教えようと思う。今後は「いれて」「かして」などの言葉も繰り返し伝えていけるとよいだろう。

8月

* **ねらい** * * * * * * * * * * *
* ゆったりとした生活をして、暑い
  夏を快適に過ごす。
* 水や砂などの感触を味わい、楽し
  くあそぶ。
* 絵本の読み聞かせを楽しむ。

チェックリスト ✏️

☐ 水あそびが楽しめるような玩具、ペットボトルなどを用意する。

☐ 着脱の際ズボンやパンツは、子どもがはきやすい向きに置く。

☐ 食事は風通しのよい場所で、量を加減しながらゆっくり取る。

☐ 友達のまねができるよう、玩具は複数用意する。

☐ 着替える回数が増えるので、衣服の補充をお願いする。

Part
1

クラスづくり

8
月

(見立て)　(新聞紙)

新聞紙トンネル

準備する物

新聞紙、セロハンテープ

ねらい

＊ ガサガサする音や、友達といっしょにあそぶことを楽しむ。

\ あそび方 /

① 歩いてくぐる

保育者2人が大きく広げた新聞紙の両端を持ち、その下を子どもたちがくぐります。新聞紙を揺らし、ガサガサ音を立てましょう。

② はいはいでくぐる

慣れてきたら新聞紙の位置を下げて、子どもたちがはいはいでくぐります。

セロハンテープでつなげる。

ことばかけ

「この大きな新聞紙の屋根の下を、みんなでくぐってみよう!」

保育者の援助

新聞紙は破けないよう、セロハンテープでところどころ補強します。上から新聞紙が覆いかぶさるのを嫌がる子には、無理強いしないようにします。

バリエーション

ちぎってボールに

大きな新聞紙をみんなでちぎって丸め、ビニール袋に入れます。セロハンテープで口をとめればボールのできあがり。投げたり転がしたりしてあそびます。

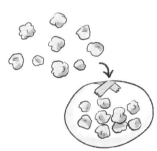

粘土こねこね

＼ **あそび方** ／

1 粘土で自由にあそぶ

粘土をたたいたり、こねたり、伸ばしたり、丸めたり、ちぎったりして思い思いにあそびます。

2 ままごとをする

丸めたりちぎったりしたものを、茶碗や皿に入れて食べ物に見立ててあそびます。

おいしそうだね

ことばかけ

「小麦粉粘土は、丸めたり、ちぎったりできるよ。いっしょにやってみようね」

保育者の援助

子どもといっしょに楽しむことが大切です。事前に小麦粉アレルギーの子どもを確認します。該当する子には別のあそびを提供しましょう。

作り方

小麦粉粘土

器に小麦粉、水、塩、食紅を入れて混ぜ、よくこねます。耳たぶくらいのやわらかさになればOK。最後にサラダ油を入れるとなめらかになり、手につかなくなります。

塩　水　小麦粉　食紅

みんなで / 水

くぐれ! 水ゲート

\ **あそび方** /

① 基地1で待機

基地を2か所作り、基地1に子どもたちが入ります。保育者はホースから勢いよく水を出し、基地と基地の間に水ゲートを作ります。

② 基地2へ移動

子どもたちは水にぬれないよう、水ゲートをくぐって、基地1から2へ移動します。

基地1　　　　　　　　　　基地2

行くよー

基地1　　　　　　　　　　基地2

ことばかけ

「向こうの基地まで、水にぬれないよう移れるか挑戦しよう」

保育者の援助

水をこわがる子がいる場合は最初にホースから少しだけ水を出し、さわってから始めるとスムーズです。慣れるまでは、保育者と手をつないでくぐっても。

バリエーション

くねくねヘビさん

基地を1つ作って安全地帯にします。「ヘビがやってきた」と言ってホースの水を揺らしながら、少しずつ子どもたちにかけます。安全地帯に入ると水をかけられません。

洗濯まねっこ

ねらい

＊ 指先の発達を促し、洗濯や干す
　まねを楽しむ。

準備する物

洗濯ハンガー、ロープ、洗濯ばさみ、ま
まごとで使っているエプロンなど、洗
濯かご

\ あそび方 /

1 洗濯ものを選ぶ

ロープを張ります。子どもたちは
洗濯かごの中から好きな洋服を選
びます。

2 干したりかけりする

子どもたちはハンガーに服をかけ
たり、ロープに干したりします。上
手くできない子には保育者が援助し
ます。

手伝って
くれる？

いいよ

子どもたちは好きな服
を選びます。

子どもたちが、ハンガーに服
をかけたり、ロープに洗濯も
のを干したりします。

ことばかけ

「エプロンや洋服をお洗濯したんだけど、
干すの、手伝ってくれる？」

保育者の援助

ハンガーは針金ではなく、プラスチック製を用意して
危険がないようにしましょう。干し終わったら「きれいに
干せたね」と認める言葉をかけます。

バリエーション

水を使って洗濯ごっこ

水あそびの時期は、
実際に水を使って洗濯
してみましょう。手で
ゴシゴシこすったり、
絞ってみたり。上手く
できなくてもかまいま
せん。

運動あそび　バランス感覚　空間認知力

ボールをコロコロ

ねらい

＊ ボールの動きに合わせて体を動かし、投げる動きを経験する。

準備する物

ボール（やわらかいもの）

\ あそび方 /

1 子どもと向かい合って、ボールを持った保育者が少し間をあけて立ちます。

2 保育者が子どもの正面に向かってボールを転がし、子どもが受けます。

3 子どもから保育者に向けてボールを転がします。

あそびのポイント

慣れてきたら、少しずつ保育者と子どもの距離をあけて、ボールを転がしてみましょう。

コロ
コロ〜

運動あそび　バランス感覚　回転感覚

いっしょに転がろう

ねらい

＊ 回転する感覚を楽しむ。
＊ 保育者と息を合わせてあそぶ。

\ あそび方 /

1 子どもと保育者が一列になるようううつぶせになり、手足を伸ばした状態で手をつなぎます。

2 保育者がリードして一回転します。

あそびのポイント

反対方向に回ってみたり、スピードをかえて少し速く回ったりしてみましょう。

手をしっかり伸ばしてつなぎましょう。

あごをしっかり開くと、回転しやすくなります。

いくよ〜

123

すいか

1 1番 **まんまる すいかは おもたいぞ**

子どもの両頬を軽くたたく。

2 **ウントコショ ウントコショ**

顔をスイカに見立てて頬を2回持ち上げるようにする。

3 2番 **まっかな すいかに くろいたね**

❶と同様にする。

4 **プップップッ プップップッ**

顔のあちこちを種に見立てて軽くつつく。

🐑 **あそびのポイント**

最初は、子どもの体をまるごとスイカに見立てても。「♪ウントコショ」で子どもの体を持ち上げて保育者のひざに座らせます。「♪ウントコショ」を繰り返し、大きくてなかなか持ち上がらないようすを表現すると盛り上がります。

♩=100 おどけて愉快に

作詞・作曲・振付／阿部直美

1. まんまる すいかは おもたいぞ　ウントコショ　ウントコショ
2. まっかな すいかに くろいたね　プップッ　プッ　プップッ　プッ

🎼 あたま かた ひざ ぽん

1 あたま

両手を頭に当てる。

2 かた

両手を肩に当てる。

3 ひざ

両手をひざに当てる。

4 ポン

1回拍手する。

5 ひざ ポン
ひざ ポン
あたま かた
ひざ ポン

❸、❹を2回繰り
返してから、❶〜❹
と同様にする。

6 め

両手を目に当てる。

7 みみ

両手を耳に当てる。

8 はな

両手を鼻に当てる。

9 くち

両手を口に当てる。

> 🐑 **あそびのポイント**
>
> まだ難しい子は、保育者のひざの上にのせ、後方から保育者が手を添えてあそびます。テンポをゆっくりとって、大きなしぐさで体にふれましょう。ときには子どもの目を見てコミュニケーションをとり、安心感を与えましょう。

♩=100 あそにのテンポで　　　　　　　　　　　　作詞／不詳　イギリス民謡

あ　た　ま　か　た　　ひ　ざ　ポン　　　ひ　ざ　ポン　　　ひ　ざ　ポン

あ　た　ま　か　た　　ひ　ざ　ポン　　め　みみ　は　なくち

絵本

おぱっけ～

緑色のおぱっけ～たちが驚いたり踊ったり、花火といっしょに打ち上がったりします。おぱっけ～の特徴的な表情がおもしろい絵本です。

読み聞かせポイント

夏祭り前にぴったり！ 盆踊りのシーンは、踊り出す子もいるのでリズムよく読みましょう。

作／ナムーラ ミチヨ
フレーベル館

うみべの くろくま

浜辺であそんでいたくろくまくんのところへ、イルカがやってきて海の中を案内してくれます。最後にもらったお土産を開けてみると驚きの結末に。

読み聞かせポイント

海の生き物が並ぶ場面では、急いでめくらず、子どもたちの声を受け止めながら読みます。

さく・え／たかい よしかず
くもん出版

むしさん どこいくの？

テントウムシはとことことこ、チョウチョはひらりひらり、バッタはぴょんぴょんぴょーん。虫たちはどこいくの？ 小さな子も楽しめる虫の絵本です。

読み聞かせポイント

屋外で絵本の生き物をいっしょに探してみましょう。絵本の世界が広がり、生き物への興味や親しみがわきます。

さく／得田 之久
童心社

おばけのアイスクリームやさん

おばけのぼんちゃんは森のアイスクリームやさん。ウサギもネコもサルもゾウも、動物たちはみんなぼんちゃんのアイスクリームが大好きで…。

読み聞かせポイント

次は何のアイスになるのか予想すると盛り上がります。色画用紙などでアイスを作っても楽しさ倍増！

作・絵／安西 水丸
教育画劇

しゅっぱつ しんこう！

お母さんとみよちゃんはおじいさんの家を目指して特急列車、急行列車、普通列車と乗り継いでいきます。車窓からの景色や旅の気分が楽しめるお話。

読み聞かせポイント

「しんこう！」と手を挙げると車掌さん気分を味わえます。遠くに描かれた新幹線などを見つけてみても。

さく／山本 忠敬
福音館書店

しゃぼんだま ぷわん

女の子が飛ばしたシャボン玉が、スズメやネコ、イヌに当たって「ぱちん！」と割れて…。言葉のリズムが楽しめる、ほのぼのとした絵本です。

読み聞かせポイント

読んだあとは、シャボン玉あそびを。針金ハンガーで大きなシャボン玉を作っても盛り上がります。

作／こわせ たまみ
絵／おかべ りか
鈴木出版

Iちゃん：1歳5か月

♥ 8月のようす

大丈夫だよ

午前中暑かったのでタライに少し温かめの水を用意し、水着に着替えて足から徐々に水に入ってみた。タライに入る瞬間、こわいのか嫌そうな顔をしたが泣くことはなかった。
水が顔にかかると泣いてしまったが、「大丈夫だよ」と顔を拭くと、安心したようすでプリンカップを持ってあそびだした。

読み取り

10の姿
健康な心と体

✦ この場面での子どもの育ち

お湯を足してぬるめの水にしたのがよかったようで、スムーズに水あそびを体験できた。足を入れた際、温かくて安心できたのではないかと思う。プリンカップであそぶ姿はとても気持ちよさそうで、水のおもしろさも伝わったようだ。

✳ 今後の手立て

外気温を足して50度以上になる水温がよいというが、もう1〜2度高くして温かい方が、お風呂感覚で不安なくあそび始められるようだ。楽しくあそび、「顔に水がかかっても平気」という気持ちにしていきたい。

Jくん：2歳0か月

♥ 8月のようす

しーだよ

園庭でかくれんぼをすると、木陰に保育者と友達といっしょに隠れた。「しーだよ！ 見つかっちゃうからね」と話すそのときだけは静かになる。おに役の保育者がそばに近づいてくると、にこにこの笑顔。「み〜つけた！」の前に、自分から出て行ってしまった。

読み取り

10の姿
言葉による伝え合い

✦ この場面での子どもの育ち

『おにがいて、隠れる』という簡単なルールを理解し、友達といっしょに楽しめるようになってきている。キャッキャッと騒いでいたのに、おにが近づいてくると神妙になるところ、期待をもって隠れるが、自分からつい出てしまうところ、すべてが本当にかわいい。

✳ 今後の手立て

まーだだよ

「もういいかい」「まーだだよ」の言葉のやりとりもたくさん楽しんでいきたい。隠れる役・おに役を交代しながら体験し、「保育者や友達とあそぶことが楽しい」「また明日もやりたい」といった気持ちを育てていきたい。

9月

ねらい

* 生活リズムを整えて快適に過ごす。
* 散歩や戸外あそびで、身近な秋の自然にふれる。
* 保育者や友達と体を動かす。

チェックリスト

- ☐ 時差をつけて外に出る声をかけ、玄関が混雑しないようにする。
- ☐ 排泄の間隔やタイミングを見ながら、個に応じてトイレへ誘う。
- ☐ 手で食べやすい大きさの食材を用意する。
- ☐ 子どもが踊りたくなるような音楽や打楽器を準備しておく。
- ☐ 体調を崩しやすい時期なので、健康状態を細かく伝え合う。

あそび

見立て　段ボール箱

段ボール箱自由あそび

ねらい

＊ 箱を使ったあそびのバリエーションを広げる。

準備する物

段ボール箱（大、小）、おもちゃ

＼あそび方／

① 押してみる

段ボール箱の中におもちゃを入れ、押したり、引っ張ったりしてみます。

よいしょ

② 中に入る

子どもが箱の中に自由に入ったり、保育者が「発車しまーす！」と言って押したりして電車ごっこのようにあそびます。

発車しまーす！

ことばかけ

「大きな箱だね。押したり、中に入ったりできるよ。先生とやってみよう」

保育者の援助

なかなかあそびに入っていけない子には「押してみようか」と声をかけます。段ボール箱は十分な数を用意し、一人一人が集中してあそべるようにします。

バリエーション

立たせて倒す

高さのない細長い段ボール箱を用意し、立たせられるかチャレンジ。不安定で揺れたりするのもおもしろいもの。立てられたら倒してみます。

砂場でペタペタ&トントン

ねらい

＊ 型をとったり、たたくと埋まったりする楽しさを感じる。

準備する物

シャベル・器・熊手など（ままごと用）、ボールや輪投げなどのおもちゃ、ペットボトル

あそび方

① 体の部位で型をとる

砂場で手をグーやパーにして型をとったり、足で型をとったりします。お尻をついて型をとってもおもしろいでしょう。

② おもちゃをトントン

保育者は砂場に、ままごとやおもちゃを半分だけ埋めます。砂場で子どもたちがペットボトルをトンカチにして、たたいて埋めます。

ことばかけ

「パーにして、砂場にペッタンしてみよう」
「トンカチでトントンたたいてみよう」

保育者の援助

手足の型がきれいに出るように、砂場には砂を盛り、平らにしておきます。ペットボトルでうまくたたけない子は、手でおもちゃを引っこ抜いてあそびましょう。

あそびのヒント

動物に見立てる

手足の型をとったら、保育者が目や鼻などを指で描いて、動物に見立てても。「ゾウさんできた」「ウサギさんの長いお耳だよ」と声をかけましょう。

やりとり　みんなで

袋の中は？

ねらい

＊ 想像力を養い、自分で出し入れを
することを楽しむ。

準備する物

紙袋、電車などのおもちゃ

\ あそび方 /

1 一部を見せる

あらかじめ紙袋の中に、電車など
のおもちゃを入れておきます。「こ
の中に入っているもの、なーんだ?」
と言って、袋の中から電車の一部を
見せます。

2 ヒントを出す

子どもがわからないようだったら、
「ガタン、ゴトン」などと言い、ヒン
トを出します。

3 答えを見せる

当たったら「当たりー!」と言って、
取り出して見せます。

ことばかけ

「この袋の中には何が入っているか、みん
なで当ててね」

保育者の援助

おもちゃは、日頃からあそんでいるおもちゃを使いま
す。子どもに袋をさわらせ、「固いね、何だろうね」とや
りとりをしても楽しいでしょう。

バリエーション

出し入れあそび

袋をいくつか用意
し、その中にそれぞれ
おもちゃを入れます。
たくさん並べておくと、
興味をもった袋をのぞ
きこみ、中身を出し入
れしてあそびます。

ふわふわビニール風船

あそび方

① 下からポンポン

ビニール袋に空気を入れて風船を作ります。下からついて、バレーボールのようにあそびます。

② サッカーのようにける

ビニール風船を、サッカーボールのようにけってあそびます。

③ 踏んでみる

ビニール風船にたくさん空気を入れ、踏んであそびます。

ことばかけ

「フワフワの風船を、ポンポンたたいて飛ばしてみよう。落とさないようにね」

保育者の援助

あそぶうちに、ビニール風船の空気が抜けてしぼむこともあるので、いくつか作って用意しておくと安心です。大小いろいろな大きさで作りましょう。

バリエーション

キラキラビニール風船

透明のビニール袋に、キラキラしたテープや紙を切ったものを入れて風船を作ります。動くたびに中の紙が光って揺れ、楽しさが増します。

運動あそび　支持力　瞬発力

真ん丸おにごっこ

Part
1
クラスづくり
9月

ねらい
＊ はいはいを促し、体幹を鍛える。
＊ 簡単なルールであそぶ。

準備する物
長なわ

あそび方

1 床に長なわを円状に置きます。

2 おに役の保育者が円の外側ではいはいし、子どもは円の内側をはいはいで逃げておにごっこをします。

まてまて

あそびのポイント
慣れてきたら、保育者が円の内側に、子どもが円の外側でおに役になります。保育者はダイナミックな動きで逃げ回ると子どもも楽しめます。

運動あそび　バランス感覚　脚力

ロボット後ろ歩き

ねらい
＊ いろいろな歩き方を経験する。
＊ 保育者とふれあってあそぶ。

あそび方

1 保育者は足をやや開いて立ち、子どもを後ろから足の甲にのせます。

2 保育者は子どもの両手を持ち、子どもをのせたまま後ろへ進みます。

バックしまーす

あそびのポイント
後ろだけでなく横に歩いたり、歩く幅やスピードを調整したりして変化をつけます。

🎼 ころりんたまご

1 1番 ころりん
たまごが

両手をグーにして、胸の前で
上下にまわす。

2 おりこうで

片手をグーにし、もう片方の
手でその上をなでる。

3 ころりん
してたら

❶と同様にする。

4 ひよこになった

口の前で両手を合わせ、くち
ばしのようにパクパクさせる。

5 2番 ぴよぴよ
ひよこが

❹と同様にする。

6 おりこうで

❷と同様にする。

7 ぴよぴよ
してたら

❹と同様にする。

8 こけこになった

両手を左右に出し、羽ばたく
ように振る。

9 3番
ころりん

❶と同様にする。

10 ぴよぴよ

④と同様にする。

11 こけこっこ

⑧と同様にする。

12 こけこがないたら

⑧の動作を大きくする。

13 よがあけ

手のひらを外に向け、片手、
次にもう片方の手で顔をおおう。

14 た

両手をパッと左右にひらく。

あそびのポイント

お誕生会では、段ボールなどで大きな
たまごを用意します。歌に合わせて、た
まごの後ろから登場すれば誕生児紹介
にぴったりです。

♩=100 おもしろく

作詞／まど・みちお　作曲／則武昭彦

1. こ ろ り ん た ま ご が お り こ う で
2. ぴ よ ぴ よ ひ よ こ が お り こ う で
3. こ ろ り ん ぴ よ ぴ よ こ け こっ こ

こ ろ り ん し て た ら ひ よ こ に な っ た
ぴ よ ぴ よ し て た ら こ け こ に な っ た
こ け こ が な い た ら よ ー が ー あ け た

まんまるおつきさん

丸いお月さまを眺めていると、おせんべいやメロンパン、目玉焼きなどおいしそうな食べ物に見えてきます。おなかが鳴りそうな楽しいお話。

読み聞かせポイント

十五夜前に読みたい1冊。日中でも子どもたちと空に浮かぶお月さまを探して、絵本の世界を楽しんでみましょう。

さく／ねじめ 正一
え／さいとう しのぶ
偕成社

りんご りんご りんご りんご りんご りんご

木から落ち赤いリンゴが「りんご りんご りんご」と坂道を転がっていきます。転がった先で待っていたのは…。かわいいリンゴの小さな冒険物語。

読み聞かせポイント

「りんご」が繰り返される部分は子どもたちと声を合わせて読みましょう。秋の食べ物にも注目です。

著／安西 水丸
主婦の友社

いろいろ じゃがいも

かわいい顔をしたジャガイモたちがいろいろな料理に大変身します。「すっとん とととん じゃーわじゃわ」など言葉の表現もおもしろい作品です。

読み聞かせポイント

給食でジャガイモが出る日に読むと、食べる意欲もアップ！ 言葉のリズムも大切に読みましょう。

作／山岡 ひかる
くもん出版

タンタンのハンカチ

おサルのタンタンが胸に入れている赤いハンカチは、とっても不思議。おまじないをかけると大きくなってマントになったり夕陽になったり…。

読み聞かせポイント

おまじないの言葉をいっしょに言うとワクワクします。読後はハンカチあそびに発展させるのも楽しいですね。

作／いわむら かずお
偕成社

ぼく なにを たべてたか わかる？

ゴリラくんがもぐもぐもぐ。お皿には何かの皮やへたが置かれています。何を食べていたのかわかるかな？ 答えをみんなで言ってみましょう。

読み聞かせポイント

そしゃく音をていねいに読み、子どもたちからの答えを聞いてからページをめくります。裏表紙にも注目！

作・絵／みやにし たつや
鈴木出版

ポケット

小さいポケットからのぞいている黄色い頭。次のページで、ヒヨコさんが「こんにちは」。次のポケットには誰が入っているのかな？

読み聞かせポイント

読んだあとは絵本をまねして、ポケットを使った当てっこあそびをみんなですると盛り上がります。

さく・え／三浦 太郎
童心社

読み取ろう 子どもの育ち

Kくん：1歳6か月

💙 9月のようす

鉄棒に両手でつかまろうと、必死でつま先立ちになっている。片手はできたが両手でつかまるのは難しそうだった。しかし、あきらめず挑戦していた。なんとかつかまることができると、今度は自分で足を地面から離してぶら下がっていた。拍手を送ると誇らしげににっこりとし、繰り返してあそんだ。

↓ 読み取り

10の姿 自立心

✨ この場面での子どもの育ち

挑戦している姿を見たとき、思わず「あと少し！ ガンバレ！ ガンバレ!」と心の中で応援してしまった。手や指先に力を入れることができるようになり、鉄棒を握り、自分の全体重を支えられるようになってきている。ほめられることで、意欲が湧いてくるようだ。

✳ 今後の手立て

鉄棒を低くして、ぶら下がったときに肩から体の力が自然と抜けるようにし、手や指を使ってあそべるようにしたい。挑戦していることをほめ、できたときはいっしょに喜びたいと思う。また、落下には十分に注意する。

Lちゃん：2歳1か月

💙 9月のようす

友達との追いかけっこがお気に入りのLちゃん。おにになったり、逃げたりと忙しそうに園庭を走り回っている。友達とタッチした、していないでもめ、泣きべそをかいてしまったが、「もう1回ね、次は先生がおによ」と言うとすぐに笑顔になり、うれしそうに駆けだした。

↓ 読み取り

10の姿 道徳性・規範意識の芽生え

✨ この場面での子どもの育ち

少し意見の相違があるとシクシクと泣いてしまうことが多かったが、最近は相手や保育者の話を聞く余裕が出てきた。保育者が間に入るとすぐに気持ちを切り替えることができた。その姿は立派だった。自分なりに考え、折り合いをつけられるようになっている。

✳ 今後の手立て

子ども同士のもめごとにはさりげなく間に入り、両者の思いを口に出せるようにやさしく促したい。どちらかがよい、悪いではなく、どうすればよかったのかをいっしょに考えられるようになればと思う。

🐶 発達に必要な経験を

運動会に作品展…と行事の多い季節。一人一人の伸ばしたいところと、クラスとしての計画を念頭に、経験を重ねられるようにしましょう。

 保育の見通し　**生活面**

自分からチャレンジ！
達成感につなげよう

着脱や手洗いなど、身の回りのことは繰り返していねいに伝え、さりげない援助を心がけ、"ジブンデ"を満たす満足感につなげましょう。

保育の見通し　**あそび面**

寒くても動けばポカポカ！
戸外あそびで体を動かそう

季節の変わり目なので、上着を着たり、半袖を長袖に変えたりと、こまめに衣類の調整をします。そのうえで、戸外で体を十分に動かし、さまざまな体の動きを楽しみましょう。

🐶 クラスとしてのまとまりも

個々の発達に差はあるものの、クラスとしてまとまりを感じられる時期でもあります。集まりでお話を聞く、という集団の活動も大切に。

🐶 風邪に負けない強い体をつくる

寒い日も意識的に戸外に出て、体を動かしましょう。しゃがんで立ち上がったり、片足で跳んだりという動作などは、強い体につながります。

保育の見通し　人との関わり

保育者と子ども
1対1の関わりを

友達といっしょに活動を楽しむ姿も増えますが、保育者と子どもの1対1の時間を大切にし、絵本を読んだり、じっくりと向き合ってあそんだりして、安心感をもたせます。

保育の見通し　保護者対応

その子らしい
育ちを共に見守る

その子の個性や好きなこと、苦手なことがだんだんとわかってきます。保護者とコミュニケーションを図り、その子らしさを伸ばす方法をいっしょに考え、また園での取り組みをこまめに伝えていきましょう。

保育の見通し　安全面

近隣の情報を共有し
安全で楽しい散歩に

木の葉や木の実を求めて散歩へ出かける機会も増えます。子どもの歩行力も考えながら、近隣の散歩先の情報をまとめましょう。まずは安全性、遊具や動植物の有無を把握します。

10〜12月の

環境構成

葉っぱ、ドングリ、松ぼっくり…。秋の自然物を集めて、あそびの幅を広げる

見てー、
ドングリだよ！

**経験を
増やす**

　秋は葉っぱ、ドングリ、松ぼっくりなど自然物がたくさん落ちてきます。散歩先で集めて持ち帰り、製作やままごとに利用します。

絵本コーナーを充実し、言葉を増やすきっかけに

**発達を
促す**

ページをめくって、絵を眺めるのも楽しい！

　歌の絵本や繰り返しの言葉がある絵本を取りそろえ、コーナーをつくりましょう。絵本から言葉を吸収し、「また読みたい」という気持ちを大切にします。

ごっこあそびの道具や素材は、
想像が広がるよう多様に準備を

あそびを
広げる

子どもは自分が経験したり、見たりしたことを、ごっこあそびで再現しています。子ども同士のやりとりを見て、ままごとであればバッグや抱っこひも、エプロンなどを、運転ごっこであればハンドルや座席などを用意しましょう。

お手玉やフェルト棒、糸など、どんな物にも応用できる素材で、子どもの想像は広がります。

Part
1

クラスづくり

10
〜
12
月

いらっしゃいませー

行きたくなるトイレ、
自分でやりたくなるトイレに

安定した
生活

トイレに誘ううちに興味をもち、自ら行ってみようとすることが多くなります。トイレは常に清潔に明るく保ちましょう。また、拭く習慣がつくよう、畳んだペーパーを置いておくと、自分で拭こうという意欲につながり、拭き方をスムーズに伝えることができます。

できたね

畳んだペーパーが手の届くところにあれば、自分で拭いてみようとします。

10〜12月の 保育者の援助

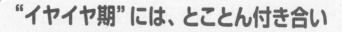

"イヤイヤ期"には、とことん付き合い

一人一人のペースに合わせる

　自我が芽生え始め、自分の気持ちを周りの人に伝えてその思いを遂げようとし、人の手助けを嫌がります。保育者はその思いにとことん付き合ってみましょう。大人に寄り添ってもらう安心感から、子どもの気持ちは満たされます。

💗 **発達**に合わせた援助

　泣き続ける子もいますが、保育者は焦らず、穏やかに。その子のペースに合わせて寄り添いましょう。余裕のある対応を心がけることで、その空気が子どもに伝わります。

いろいろなことにチャレンジ！

「やりきった」「できた」経験を

　なんでも自分でやりたい時期。ズボンをはいたり、三輪車をこいだり、玩具を片づけたり……。保育者は失敗しても大丈夫、という思いで援助し、挑戦する気持ちを応援しましょう。

💗 **発達**に合わせた援助

　時間がかかっても保育者は手を出しすぎずに見守り、時にはさりげなくコツを伝えたりしましょう。「自分でできた」という経験が次につながり、達成感を味わうことにもなります。

保育者とも友達とも 楽しめるわらべうた♪

手あそびやわらべうたは、子どもたちが好きなあそびのひとつ。保育者と一対一のやり取りを楽しむなかで、少しずつ人と関わることの楽しみを知っていきます。ふれあってあそぶおもしろさを、伝えていきたいですね。

♥発達に 合わせた援助

手あそびはゆっくりと伝えることで、子ども同士でも楽しめます。合っていなくても大丈夫。楽しむことを大切にしましょう。

苦手な食べ物にも挑戦し、マナーにも配慮を

苦手な食べ物があっても、保育者や友達がおいしそうに食べている姿を見ると、「食べてみようかな」と意欲的になります。食事は楽しい雰囲気でとりたいもの。注意ばかりにならないようにしましょう。

♥発達に 合わせた援助

自分で食べることに慣れてきたら、よくかむことや、食べながら話さないといったマナーについても少しずつ伝えます。

五感を通して秋を満喫し、自然物の発見を楽しもう

秋は実りの宝庫。五感をフルに使って秋に親しめる機会を増やしましょう。散歩先で木々を探索し、さまざまな形や色など、葉っぱの違いを発見します。また、拾った葉っぱや木の実を持ち帰り、製作あそび、ゲーム、ままごとあそびの材料などに活用しましょう。

公園で拾ったドングリだ!

♥発達に合わせた援助

「どっちが大きい葉っぱかな」「赤いね、こっちは黄色だよ」と、言葉で大小や色について話しましょう。散歩先の収穫物を持ち帰れるよう、ドングリバッグや袋を作るのもおすすめです。

ねらい

* 保育者といっしょに、身近な秋を楽しむ。
* 食事後には、おしぼりで手や口を拭こうとする。
* リズムに合わせて体を動かす。

チェックリスト ✎

☐ ドングリなど、自然物のある場所を事前に把握する。

☐ ボタンやファスナーなど、手先を使ってあそべる玩具を用意する。

☐ 子どもが気に入っている曲をかける。

☐ 固定遊具や三輪車を点検し、園内に危険がないか確認する。

☐ 薄着の習慣をつけてもらえるよう、保護者へ伝える。

あそび

みんなで　ボール

入れて、たたいて

ねらい

＊ たくさんのボールを拾ったりのせたりすることを楽しむ。

準備する物

カラーボール、透明なテーブルクロス

\ あそび方 /

① ボールを拾ってのせる

床にボールを置いておきます。保育者2人で、テーブルクロスを子どもの頭の高さより少し上になるよう持って広げます。子どもたちはボールを拾ってその上にのせます。

② 下からたたく

ボールをたくさんのせたら、テーブルクロスの位置を少し高くし、その下に子どもたちを入れます。下から子どもたちがたたいてボールを落とします。

えいっ！　えいっ！

ことばかけ

「ボールを拾って、この上にポンとのせてね。いっぱいのせられるかな？」

保育者の援助

テーブルクロスの高さは子どもの成長に合わせましょう。中心を少し沈ませて持つと、子どもがボールをのせても下へこぼれにくくなります。

バリエーション

保育者が落とす

子どもたちがボールをのせたら、保育者が「それ〜っ！」と言いながらテーブルクロスを揺らして落とし、ばらまいても盛り上がります。

それ〜っ！

(1対1) (見立て)

ねらい
＊ スピードや揺れる感覚を味わう。

ペアでジェットコースター

＼ あそび方 ／

① ペアでスタート

地面に水の線を引いてジェットコースターのコースを作り、子どもの脇の下に手を入れて持ち上げ、スタートします。

② ポイントをクリアして進む

スピードゾーンではスピードを上げて進み、ループゾーンでは、くるくる回りながら進み、ジャンプゾーンでは、高い高いをしながら進みます。

行くよ!

ゴール

スタート

ジャンプゾーン

クル クル

ループゾーン

それー!! 速い速い!

スピードゾーン

ことばかけ

「ビューンとジェットコースターに乗って、先生とお出かけしようね」

保育者の援助

子どものようすを見ながらあそび、保育者も何人かで交代して行います。順番を待てない子やゴールをした子は、砂場などであそんでもよいでしょう。

バリエーション

設定を変えてあそぶ

スピードゾーンは新幹線、ループゾーンはスケート場、ジャンプゾーンはロケットなど、設定を変えても楽しさアップ!「新幹線速いね」など声をかけながらあそびます。

新幹線速いね!

感触あそび　　ゴム

ビヨヨンゴム

ねらい
* ゴムのおもしろさを感じ、動きの突発性、スリルを楽しむ。

準備する物

ビヨヨンボール、鉄棒

\ あそび方 /

① 引っ張る

子どもはビヨヨンボールを持って、ゴムひもが適度に反発するところまで引っ張ります。

② 手を離す

パッと手を離し、ビヨヨンボールが飛んだり、跳ねたりするようすを楽しみます。

ことばかけ - - - - - - - - - - - -

「ボールを引っ張って、パッと離すと、ビヨヨーンと動くよ」

保育者の援助

ボールを引っ張ったときにゴムが取れると危険なので、鉄棒にしっかりと結びつけます。ボールはゆっくり引っ張り、必ず保育者がそばについてあそびましょう。

作り方

ビヨヨンボール

細長いゴムひもの端にスポンジボール（または固い部分のない厚手のスポンジ）を固くしっかりと結び、もう片方の端を鉄棒にしっかり結びます。ゴムひもの長さは鉄棒の高さや、場所の広さに合わせます。

147

ねらい
* 裸足で砂の感触を味わう。

シューズショベル

＼あそび方／

① すり足、つま先で

裸足になって砂場に入ります。すり足で「ズリズリ」砂を削って進んだら、つま先で砂をけり飛ばします。

② かかと、足の内側で

かかとで砂を削ります。そして足の内側を上手に使って、砂を集めます。

③ 踏み固める

足の内側で集めた砂を「ドスン」と言って踏み、固めます。

砂の上をすり足で「ズリズリ」削って進みます。

ザラザラするね

つま先で砂をけり飛ばすように進みます。

がかとで砂を削ります。

ズリズリ

足の内側を上手に使って砂を集めます。

えいっ！

ドスン！

足の内側で集めた砂を「ドスン」と言って踏み、固めます。

ことばかけ

「先生といっしょに砂の中に入ってみよう。何だかザラザラするね」

保育者の援助

保育者がダイナミックにあそんで見せて、子どもの興味をひきましょう。裸足を嫌がる子は、靴を履いてもよいでしょう。

バリエーション

山の中に足を入れる

足の内側で砂を集めたら、保育者が固めて山を作ります。その中に足を入れて、山を崩してみましょう。足の甲に砂がのる感触を楽しみます。

それっ！

エイッ！

運動あそび　バランス感覚　支持力

フープのトンネル

\ あそび方 /

保育者が床にフープを立てて持ち、輪の中を子どもがはいはいでくぐります。「クマさん歩くよ、1.2、1.2」と声をかけます。

保育者の援助 - - - - - - - - - - - - - - -

フープを持つ保育者は子どもが引っかからないかなど、子どものようすを見守りましょう。

運動あそび　空間認知力　脚力

どのボールかな？

\ あそび方 /

① いろいろな種類のボールを床に置いておきます。

② 保育者が伝えたボールを拾い、保育者に手渡します。

保育者の援助 - - - - - - - - - - - - - - -

子どもにわかりやすいよう、用意するボールは大きさや色などの違いがはっきりしたものにします。

げんこつやまの たぬきさん

1 げんこつやまの たぬきさん

両手をグーにして上下に重ね交互に打ち合わせる。

2 おっぱい のんで

ミルクを飲むしぐさをする。

3 ねんねして

両手のひらを合わせて頬につけ、眠るしぐさをする。

4 だっこして

胸の前で赤ちゃんを抱くしぐさをする。

5 おんぶして

赤ちゃんをおんぶするしぐさをする。

6 またあし

胸の前で両手をグーにしてかいぐりをする。

7 た

じゃんけんをする。

あそびのポイント

じゃんけんが難しい子は、かいぐりの動作を最後まで続けて終わるなどの一工夫を。

♩=90　　　　　　　　　　　　　　　　　　　　わらべうた

げん こ つ や ま の　た ぬ き さん　　おっ ぱ い の ん で

ね ん ね し て　　だっ こ し て おん ぶ し て ま た あ し た

♪ もじょもじょかいじゅう

1 1番 もじょもじょ …きたよ

保育者は両手の指をもじょもじょ動かす。

2 あしのさきから きたよ

子どもの足先を軽くたたく。

3 こちょ こちょ… こちょ こちょ

足先から体に向かって、くすぐる。

4 「こちょ…こちょー」 「ギューッ」

体を大きくくすぐり、最後に抱きしめる。

2・3番

1番に準じる。ただし2番の❷は「おなか」、3番の❷は「あたま」をたたく。

🐑 あそびのポイント

5～8小節目の「♪こちょ…こちょ」はくすぐるふりだけで、最後に本当にくすぐると、さらに盛り上がります。保育者は指先を細かく動かして「くすぐっちゃうぞ!」と、表情豊かに演じてみましょう。

♩=100 表情豊かに

作詞・作曲・振付／阿部直美

1.～3. もじょもじょかいじゅう きたよ
あ　しのさきから
おな　かのうえから
あた　まのうえから
きた　よ　　こちょ　　こちょ

こちょ　　こちょ　　こちょこちょこ　ちょこ　ちょ

「こちょ　こちょ　こちょこちょこちょー」　「ギューッ」

絵本

かけまーす どん

「よーい　どん」で駆け出した女の子。イヌを追い抜き、ポストを追い越し走っていると、みんなが負けじと追いかけてきて…。ユーモアあふれるお話。

作／五味 太郎
絵本館

読み聞かせポイント

「どん」の繰り返しが楽しい1冊。「よーい　どん」のポーズをして、かけっこあそびをしてみましょう。

ハッピー ハロウィン!

ハロウィンの夜、家を訪ねてきたのは、おばけにオオカミ男、ドラキュラ、魔女！ カボチャのお面をもらったら、楽しいハロウィンの始まりです。

作・絵／新井 洋行
講談社

読み聞かせポイント

「だれかな？」の部分は、何度でも楽しめます。読後は変装してハロウィン気分を味わってみても。

どんぐり ころちゃん

わらべうた「どんぐりころちゃん」にのせて、ドングリたちがうたって踊ります。楽譜と手あそびが載っているので、子どもといっしょに楽しみましょう。

作／みなみ じゅんこ
アリス館

読み聞かせポイント

頭やお尻にタッチしてジャンプと、絵本のように踊ってみて。どんぐりを片手に隠して当てるのも楽しい！

おいも!

おじいちゃんの畑でイモ掘りをする子どもたち。頑張って収穫したサツマイモを焼きイモにして食べたらどうなるの？ 読み聞かせに最適な楽しいお話。

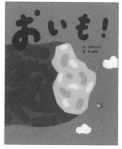

文／石津 ちひろ
絵／村上 康成
小峰書店

読み聞かせポイント

イモ掘りがない園では、実物を用意して大きさや重さを確かめます。最後は裏表紙を広げてみましょう。

おやおや、おやさい

いろいろな野菜たちがマラソン大会で走ります。「そらまめ　そろって　マラソンさ」など、韻を踏んだような言葉とユニークな絵が楽しい絵本です。

文／石津 ちひろ
絵／山村 浩二
福音館書店

読み聞かせポイント

走る話から運動会につなげても。給食で出た野菜を絵本風に紹介すると、食べる意欲がアップします。

いろいろごはん

ふっくらごはんがおにぎりや海苔巻き、お茶漬けなどおいしそうなメニューに大変身。「ころりんこ」「まきまき　くるりんこ」などの言葉も愉快です。

作／山岡 ひかる
くもん出版

読み聞かせポイント

新米の季節にオススメ。「何になる？」と話すように読んで、子どもたちとやりとりをしてもよいですね。

読み取ろう 子どもの育ち

Mくん：1歳6か月

♥ 10月のようす

電車の絵本が大好きなMくん。お気に入りの「かんかんかん」の絵本が見えたのに、保育者が他の絵本の読み聞かせを始めたので、大泣きしてしまった。「次に読もうね」とていねいに話すと、泣き止んで待つことができた。「かんかんかん。まんま」と、片言でいっしょに言っていた。

読み取り

10の姿 豊かな感性と表現

✧ この場面での子どもの育ち

ページをめくっていくとき、思わずMくんの表情を見てしまう。自分の読む絵本をこんなにキラキラした目で見てくれて、うれしいなという気持ちになってくる。自分の好きな本を読んでほしいという思いを我慢し、泣き止んで待てたことは、大きな成長だと思う。

✳ 今後の手立て

言葉をいっしょにゆっくりと言ってみたり、絵を楽しんだりしながら、できればひざにのせて1対1でゆったりと読みたい。保育者と大好きな絵本を見た、そんな時間をほんのひとときでもつくっていきたい。

Nちゃん：2歳0か月

♥ 10月のようす

1対1でNちゃんをひざにのせてお気に入りの絵本を読んでいた。すると〇くんがスーッとそばにやってきて絵本を覗き見るようにしていたので、片方のひざにNちゃん、もう一方に〇くんを座らせた。するとNちゃんがいきなり、〇くんの顔をひっかいてしまった。

読み取り

10の姿 協同性

✧ この場面での子どもの育ち

Nちゃんが〇くんをひっかいたとき、とっさに止められず反省した。Nちゃんには「ごめんね。一人で見たかったのね」と気持ちを代弁し、謝ったところ、申し訳なさそうに〇くんのほっぺをなでた。Nちゃんの優しい気持ちを感じることができた。

✳ 今後の手立て

担任間で1対1の関わりの大切さを共有し、その時間を協力して作っていきたい。1対1だからこそできる穏やかな絵本の時間を、どの子にもつくっていきたい。そのゆとりが、子どもにも伝わるだろうと思う。

11月

ねらい ＊＊＊＊＊＊＊＊＊＊＊
＊ 生活の流れがわかり快適に過ごす。
＊ 簡単な身の回りのことを自分でし
　ようとする。
＊ 手先を使うあそびを楽しむ。
＊＊＊＊＊＊＊＊＊＊＊＊＊＊＊＊＊

チェックリスト

☐ 気温や活動量に合わせ、衣服を調節する。

☐ 靴を履きやすいように、いすなどを用意する。

☐ 人形の着せ替えで、ボタンのかけ外しができるものを準備する。

☐ 散歩で歩くペースが同じくらいの子と、手をつなげるようにする。

☐ 保育参観や面談を通して子どもの姿を見てもらい、成長を喜び合う。

あそび

（1対1）（見立て）

ひざのすべり台

ねらい
* 保育者とふれあいを楽しむ。

\ あそび方 /

① 階段を上る

保育者は体育座りをし、子どもは背を向けて座ります。「すべり台です。階段を上りま〜す。1段、2段、3段」と数えながら、子どもを少しずつひざの上に上げていきます。

1段…
2段…

② ひざの上をすべる

「すべるよ。それ〜っ!」と言って、ひざの上から子どもをすべらせます。

それ〜っ!

ことばかけ

「先生のすべり台で、すーっと下まですべってあそんでみよう」

保育者の援助

まずは抱っこで子どもとスキンシップをとってからあそぶとスムーズです。子どものようすを見ながら、ひざの角度を変えたりしても楽しさが増します。

バリエーション

うたいながら

子どもをひざの上にのせ、「♪たーかい たーかい すべりだい」と言って左右に揺らします。「♪たのしい たのしい すべりだい」でひざを上下に揺らします。

パックンワニくん

ねらい

＊ スリル感のあるあそびを、想像力をふくらませながら楽しむ。

準備する物

ワニくん、ままごと用のおもちゃなど

\ あそび方 /

① ワニくんを見せる

「ワニくんだよ、よろしくね」などと言いながら、子どもたちの前にワニを置きます。

② ごはんを食べさせる

ワニに慣れたら「ごはんをあげようか」と言い、リボンを引っ張って口を開けます。子どもたちは一人1つずつごはんを食べさせます。

③ 振って出す

ごはんをすべてワニの口に入れたら、「おいしかったね」と言ってワニを抱き上げます。少し左右に振って、ごはんを出しましょう。

ことばかけ

「ワニくんは、とってもくいしんぼうなんだよ!」

保育者の援助

ごはんを口の中に入れたら、「もっと食べたいよ、パクパク!」などと言ってワニの口を開け閉めしても盛り上がります。子どもが手を挟まないよう注意しましょう。

🐼 **作り方**

ワニくん

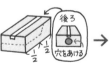

大きめの段ボール箱の口をクラフトテープで閉じ、絵のように切れ目を入れる。後ろに穴を開ける。

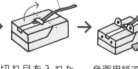

切れ目を入れた部分をを反らして折り目をつけ、リボンをテープで貼る。

色画用紙で作った目、鼻、しっぽ、手足などを貼る。

体を動かす　フープ

フープあそび

ねらい
＊ フープに興味をもち、いろいろな
あそび方を知る。

準備する物

フープ

╲ あそび方 ╱ フープを使って、いろいろな動きを楽しみましょう。

🍎 追いかける

保育者がフープを転がし、子どもたちが追い
かけます。

🍅 おにごっこ

保育者がフープを持ち、おにになって子ども
たちを追いかけます。

待て〜
キャー

🍎 くぐる

保育者がフープを立ててトンネルに見立て、
子どもがくぐります。

トンネル
だよ〜

「大きな輪だね？　どうやってあそぼうか？」

保育者の援助

導入として、まずは保育者が「こんなこともできるよ」
と言って、フープを腰で回したり、腕でクルクル回したり
しながら使い方を見せましょう。

🐼 バリエーション

電車ごっこであそぶ

フープをビニールテープでつなげ、中に入って電車
ごっこをします。保育者も必ず入っていっしょにあそ
ぶようにしましょう。

（自 然）（みんなで）

いろいろ拾って

ねらい

＊ 周りを見ながら、いろいろなものに興味をもつ。

準備する物

丸く穴を開けた空き箱

\ あそび方 /

① 落ちているものを拾う

保育者は箱を持ち、みんなで公園に散歩に出かけます。みんなで落ちているものを拾い、箱の中に入れながら、公園をねり歩きます。

② 箱を開ける

ある程度拾ったら箱を開けて、みんなで何が入っているか見てみます。「あ、お花が入っているね。丸い石もあるよ」などと言いましょう。

キョロ

キョロ

石が入ってるね

🐻 あそびのヒント

ことばかけ

「何が落ちているかな?」
「拾ったらみんなで見ようね」

保育者の援助 🐱

公園に着いたら、「どこかなぁ、キョロキョロ」と周りを見渡すような動作をしたりして、子どもたちの視野を広げるよう促しましょう。

なかなか帰りたがらない場合

熱中して帰りたがらない子がいたら、箱を揺らして「ゴロゴロ音がするね。いっぱい集まったから帰って中を見てみようか」と言って、気持ちを切り替えましょう。

いっぱい集まったね

うん!

運動あそび **バランス感覚** **支持力**

ねらい
＊ 簡単なルールを理解して保育者
とふれあってあそぶ。

またいでくぐろう

＼ あそび方 ／

① 保育者はうつぶせになり、その上を子どもがまたい
だり、手足を使ったりして乗り越えます。

② 保育者はうつぶせの姿勢からお尻を高く持ち上げ、
山を作ります。子どもはその山をくぐり抜けます。

🐰 **あそびのポイント**

2つの動作を行うあそびです。保育者と息を合わせ
てスピードアップできるようにしましょう。

運動あそび **瞬発力** **柔軟性**

ねらい
＊ 体幹を使い、友達と同じ動きを
することを楽しむ。

飛行機に変身!

＼ あそび方 ／

① うつぶせになり手をグーにします。

② 「飛行機になるよ」の合図で両腕を前に伸ばし、ひ
ざを曲げてつま先を上に向けます。

🐱 **保育者の援助**

両腕を上げて背筋を使って上半身を持ち上げます。
「せーの、で腕を上げてみるよ」などの声かけを行いま
しょう。

ひざから下を立てるよ
うにして曲げます。

糸まき

1 1番 いと まきまき
いと まきまき

両手をグーにして、胸の前で上下にまわす。

2 ひいて
ひいて

両ひじをはって、腕を横に引く。

3 トン トン トン

両手をグーにして、上下に3回打ち合わせる。

4 できた
できた

両手を上げ、手のひらをひらひら振りながら下ろす。

5 ちいさな
おくつ

4回拍手した後、両手のひらを上にして胸の前に出す。

6 2番 いと まきまき…
おおきなおくつ

1番と同様。「おおきなおくつ」は両手を大きくひろげる。

あそびのポイント

「♪おおきなおくつ」の場面では動作もダイナミックにすると、さらに盛り上がります。「♪ちいさなおくつ」を「♪アリさんのおくつ」などと歌詞をアレンジしてもよいでしょう。

♩=90 やや速く　　　　　　　　　　　　　　　　　　作詞・不詳　デンマーク民謡

1.2. い　と　まきまき　い　と　まきまき　ひ　いてひ　いて　トン　トン　トン

で　ー　きた　できた　ちいさな　おくつ／おおきな　おくつ

せっせっせ

1 [1番] せっせっせの

両手をつないで上下に軽く4回振る。

2 よいよいよい

❶をさらに大きく3回振る。

3 [2番] せっせっせの

1番と同じ動作をする。

4 みそラー

手を交差させて2回振る。

5 メン

もとの形に戻す。

🐑 あそびのポイント

おもに二人であそびを始めるとき、息を合わせる掛け声が「せっせっせ」。ゆっくりのペースであそびたいときは、これをゆっくりと歌い、あそびのテンポを調節しましょう。1番と2番は、どちらか好きなほうを使います。

※「せっせっせ」を歌ってから、あそび始めるとよい曲。
・とんとんどなた（P89）
・げんこつやまのたぬきさん（P150）
・このベルならして（P170）

絵本

もりのおふろやさん

寒い冬の日、動物たちは森の奥にあるお風呂につかって温まります。みんなが帰ったあと、お風呂がグラグラ揺れて…。かわいくて愉快なお話です。

読み聞かせポイント

後半の、グラグラとお風呂が揺れるところがポイント。子どもたちの反応を楽しみながら読み進めて。

作・絵／とよた かずひこ
ひさかたチャイルド

のってのって

けんちゃんがおもちゃの車に乗っていると、オートバイやパトカー、消防車といろいろな乗り物に変身。音や絵から何の乗り物かを当ててあそべます。

読み聞かせポイント

何の乗り物に乗っているのか当てながら読みます。最後のページでは、どれに変身したいか聞いてみても。

さく・え／くろい けん
あかね書房

おひざでだっこ

お母さんパンダが子パンダをひざに乗せて絵本を読んだり、お父さんタヌキが子ダヌキのおなかをぽんぽこ叩いたり…。親子のふれあいに、ほのぼのします。

読み聞かせポイント

ほんわかした世界観が伝わるように、スピードに気をつけてゆったりとしたイメージで読みましょう。

ぶん／内田 麟太郎
え／長谷川 義史
童心社

せんべ せんべ やけた

わらべうた「せんべせんべやけた」をうたいながら、ままごとあそびをしている女の子。ごっこあそびで焼いたものを、みんなにふるまって…。

読み聞かせポイント

食欲の秋にピッタリな絵本。巻末に楽譜がついているので、いっしょにうたいながら読み進めましょう。

案／こばやし えみこ
絵／ましま せつこ
こぐま社

すずめくん どこで ごはん たべるの？

動物園の動物にごはんをわけてもらっているスズメくん。そのようすを描きながら、カバやキツネ、キリンなど、動物たちの食事風景も垣間見られます。

読み聞かせポイント

たくさんの動物の姿に子どもたちも興味津々。小さく描かれたスズメくんを探すのも楽しみのひとつ。

ぶん・え／たしろ ちさと
福音館書店

なにのこどもかな

さまざまな動物の子どもとその親の姿が描かれます。名前を知らない動物や、親とは見た目の違う動物の子どもが登場し、興味をひきます。

読み聞かせポイント

なじみの少ない動物もいますが、繰り返し読むと子どもたちも覚えて、答えてくれるようになります。

作／やぶうち まさゆき
福音館書店

読み取ろう 子どもの育ち

Oくん：1歳7か月

♡ 11月のようす

友達が電車を持って走らせているのを見て、自分も走らせていた。友達が電車をくっつけ連結のようにすると、自分もやろうとしたが余っている電車がなかった。そこで電車の取り合いになり、Oくんが友達のうでにかみつきそうになったので「貸してって言うんだよ」と伝えると、我慢することができた。

「貸してって言うんだよ」

↓ 読み取り

10の姿
道徳性・規範意識の芽生え

✦ この場面での子どもの育ち

かみつこうとするたびに「貸してって言おうね」と伝えてきた。何度か、かみつきはあったが、最近は「そっか」と気づき、我慢することができている。友達への関心が出てきたぶん、友達のあそびや玩具に目がいき、同じようにしたい気持ちが育ってきている。

✳ 今後の手立て

取り合いは保育者の準備不足が原因。同じ色や形の玩具をそろえておくようにしたい。「貸して」「いいよ」のやりとりは実際にはまだ難しいので、落ち着いて優しく「ここにもあるから大丈夫よ」と、伝えていきたい。

Pちゃん：2歳1か月

♡ 11月のようす

ピアノで「どんぐりコロコロ」の曲を弾くと、腰を振って体を揺らして「コロコロ…」と知っている歌詞の部分をうたっている。曲が終わると「キラキラ…」と言って、「きらきら星」をリクエストしてきた。ピアノで弾くとまた楽しそうに手をパラパラとさせ、踊りながら「キラキラ〜」とうたっていた。

キラキラ…

↓ 読み取り

10の姿
豊かな感性と表現

✦ この場面での子どもの育ち

ピアノの音を聞いて、体を動かしたくなったり、うたいだしたり、音楽を楽しむ心が育ってきていてうれしい。先日拾ってきたドングリと、歌がつながったようだ。コロコロ、キラキラという音の繰り返しを楽しんでいる。

✳ 今後の手立て

コロコロ…

子どもに身近な環境に関わる季節の歌を、保育者もいっしょにたくさんうたい、あそんでいきたい。その子のうたう速さに合わせながら、好きなように体を動かしたり、うたったりを楽しめるようにしていきたい。

12月

✳ ねらい ✳✳✳✳✳✳✳✳✳✳

* ✳ 保育者や友達と、ままごとあそびなどのごっこあそびを楽しむ。
* ✳ いろいろな遊具にふれ、体を十分に動かしてあそぶ。
* ✳ 保育者に尿意を知らせる。

チェックリスト 🖊

☐ 三輪車やボール、巧技台などチャレンジしたくなる場を作っておく。

☐ パズルや型はめ、粘土を用意し、じっくり取り組めるようにする。

☐ 午睡の後には、トイレに誘ってみる。

☐ テーブルの上に皿を並べ、再現あそびをしやすいよう設定する。

☐ 風邪などが流行する時期なので、家庭でも予防を心がけてもらう。

あそび

(1対1)　(見立て)

ゴシゴシアライグマ

ねらい

＊ 歩いたり走ったり、全身の動きを促し、ふれあいを深める。

＼ あそび方 ／

1 子どもを 追いかける

○○ちゃん
まてまてー

　保育者がアライグマになり、「○○ちゃん、まてまてー」と子どもの名前を呼びながら、追いかけます。

2 腕を なでる

　子どもを捕まえて、「おててゴシゴシ、アライグマ」と言いながら、腕をなでて洗うしぐさをします。

3 おなかを なでる

　保育者は子どもを抱き、「おなかくるくる、アライグマ」と言いながら、おなかを軽くなでます。

4 高く 持ち上げる

　「きれいになったよ、バンザーイ!」と言いながら、子どもを高く持ち上げます。

ことばかけ

「先生がアライグマになっちゃうよ。アライグマはゴシゴシするのが上手なの」

保育者の援助

　言葉の発達に合わせて、言葉かけのテンポやタイミングに配慮しましょう。腕、おなかなどの部位を強調してあそびましょう。

🐼 バリエーション

他の部位を洗う

頭をくるくる
アライグマ〜

キャー

　「頭をくるくる、アライグマ」と、指で頭をなでたり、「ほっぺを洗おう、アライグマ」と、頬をなでたりするなど、いろいろな部位を洗いましょう。

 見立て　みんなで

ネコとウサギに変身

準備する物

色画用紙で作った魚とニンジン

\ あそび方 /

① ネコになる

保育者がお母さんネコになって、子どもたち数人とネコの家族になります。はいはいをしながら「お魚食べに行こう」と言って移動します。

ニャオー
食べに行こう

ニャオー

ニャヘォ

② 魚を食べるまね

あらかじめ用意しておいた魚の所へ行き、みんなで食べるまねをします。

おいしいね

③ ウサギになる

ウサギになって「ニンジンを食べに畑に行こう」と言って、ウサギのまねをしながら移動します。

ピョーン
ピョーン

ピョン

④ ニンジンを食べる

ニンジンの所へ行き、みんなで食べるまねをします。

ポリポリ

 ことばかけ

「チチンプイ！　ネコに変身してみよう。ニャーって言えるかな」

保育者の援助

魚やニンジンを食べるときは「むしゃむしゃ」などと言い、興味をひきましょう。食べ終わったら「あーおなかいっぱい！　おいしかったね」と声をかけます。

バリエーション

変身するものを変えて

「鳥」なら羽ばたく動作をしながら木の実を食べるまねを、「サル」なら「ウッキー」と言いながらバナナを食べるまねをするなど、変身するものを変えてもOK。

パタパタ

みんなで ・ ボール

坂道ボウリング

ねらい

* 転がすゲームをしながら、順番を
守ることを身につける。

準備する物

ボール（サッカーボールくらいの大きさ）、
ペットボトル（大中小あわせて10個程
度）、テーブル、ブロック

\あそび方/

1 坂道台を作る

　ブロックの上にテーブルを置いて坂道台を作り、
下にペットボトルを並べます。子どもたちは1列に
なって台の高い方に並びます。

2 ボールを転がす

　先頭の子から坂道台の上からボールを転がして、
ペットボトルを倒します。倒したら自分でボールを
拾いに行き、次の順番の子に渡します。

ことばかけ

「ボールをコロコロ転がして、ペットボトル
を倒してみよう」

保育者の援助

　保育者は2人体制であそび、1人が坂道台の下のペッ
トボトルが倒れたら並べ直し、もう1人は子どもたちが
並ぶ列の補助をするとスムーズです。

バリエーション

段ボール箱バスケット

　大きめの段ボール箱にボールを投げて入れられる
かチャレンジ。投げたボールは自分で拾いに行き、次
の子に渡します。

ヘビさんをよけろ!

＼ あそび方 ／

① まっすぐヘビさん

ロープをまっすぐ地面に置き、「まっすぐなヘビさんだ、そっとまたいでね」と言います。子どもたちは踏まないようにまたぎます。

② ぐにゃぐにゃヘビさん

ロープを少し曲げます。「今度はぐにゃぐにゃしてるヘビさんだよ」と言い、踏まないようにまたぎます。

③ ジグザグヘビさん

ロープを大きくジグザグに曲げます。「今度はジグザグのヘビさんだね。難しそう、できるかな?」と言い、踏まないようにまたぎます。

ことばかけ

「ヘビさんがお昼寝をしています。起こさないように、そーっとまたいでね」

保育者の援助

またいでいくうちに、足の開き方や上げ方のコツがわかってきます。最初は保育者といっしょに、声をかけながらまたぎましょう。慣れてきたらジャンプで跳び越えます。

バリエーション

ぐるぐるヘビさん

ロープをぐるぐるの円にして置きます。「ぐるぐるしたヘビさんだね。できるかな。そーっとだよ」などと声をかけて、子どもがまたぎます。

運動あそび **バランス感覚** **支持力**

ねらい

＊ 全身を使ってあそぶ。なりきりあそびを楽しむ。

ひざをあげて、はいはい

＼ **あそび方** ／

1 床に両手をつき、はいはいの姿勢になります。

2 ひざを伸ばして、動物になって自由に歩きましょう。

保育者の援助

ひざを浮かせることで重心が前に移るので、前のめりにならないよう顔を上げてバランスをとるようにします。

のっし
のっし

しっかり顔をあげてバランスをとります。

運動あそび **バランス感覚** **懸垂力**

ねらい

＊ 保育者とふれあい、しがみつくことを楽しむ。

怪獣に負けるな！

＼ **あそび方** ／

1 子どもは保育者の足の甲に座り、しっかり足にしがみつきます。

2 保育者は足を上げて、怪獣のまねをして歩きます。子どもは落ちないようにします。

保育者の援助

子どものようすを見ながら足の持ち上げ方や歩き方を調整しましょう。

ガオー

𝄞 このベルならして

1 このベルならして
ピンポン

子どもの鼻を軽く押す。

2 このドアたたいて
トントン

子どもの頬を優しくたたく。

3 このカギはずして
ガチャガチャ

人差し指で口のまわりを丸く
なぞる。

4 さあ　なかに
はいりましょ

子どもと保育者で4回拍手す
る。

5 「それっ!」

すばやく脇の下をくすぐる。

🐑 あそびのポイント

「ピンポン」のあとに「〇
〇ちゃん!」、「トントン」の
あとに「こんにちは!」、「ガ
チャガチャ」のあとに「入り
ますよ!」などの声かけをし
てあそぶとさらに盛り上が
ります。

♩=90　　　　　　　　　　　　　　　　　　　　　　　　　　　　　　　わらべうた

このベル　ならして　ピンポン　　このドア　たたいて　トントン

このカギ　はずして　ガチャガチャ　　さあ　なかに　はいりましょ　「それっ!」

🎼 おおさむこさむ

あそびのポイント

子どもがこわがるときは、体の向きを反対側にして、保育者の顔を見ながらあそぶのもアイデア。慣れたらさまざまな向きであそびましょう。

1 おおさむこさむ…
なんといってとんできた

子どもを抱き、軽く
上げ下げする。

2 さむいといって
とんできた

歌に合わせて子どもを抱
きながら左右に振る。

わらべうた

♩=76

おお さ む こ さ む　　や ま か ら こ ぞ う が　と ん で き た

なん と いっ て　と ん で き た　　さ む い と いっ て　と ん で き た

🎼 みんないいこ

1 1番
おはなをかざる
みんな

おはなを→かざ→る→みんな

歌に合わせて、子どもの指を親指から順に2拍に1
回ずつつまんでいき、「みんな」は4拍で1回つまむ。

2 いい

手のひらを2回たたく。

3 こ
2番

すばやく手のひらに渦巻き
を描くようにくすぐる。2番
は1番と同様にする。

文部省唱歌　振付／阿部直美

♩=100 急がずに

1. お は な を か ざ る　　み ん な　い い こ
2. な か よ し こ よ し　　み ん な　い い こ

絵本

おたすけこびとのクリスマス

クリスマスの夜、サンタさんから大切な仕事を頼まれた小人たち。さまざまな働く車を駆使して仕事をやり遂げて…。小人たちの活躍にワクワクします。

文／なかがわ ちひろ
絵／コヨセ・ジュンジ
徳間書店

読み聞かせポイント

描かれた作業車や小人たちをじっくり見たい子が多いので、ゆっくりページをめくるようにします。

めしあがれ

子どもたちが大好きなデザートがたくさん登場。本物そっくりに描かれた絵に、思わず手を伸ばして「パクッ」としたくなる、食欲をそそる絵本です。

さく／視覚デザイン研究所
え／高原 美和
視覚デザイン研究所

読み聞かせポイント

特に最後の食べ物に、子どもたちも大喜びすること間違いなし！ クリスマスの時期にぜひ読みましょう。

だっこれっしゃ

赤ちゃんがお姉ちゃんにだっこしてもらうと、ぬいぐるみたちも「だっこー」とやってきて、だっこれっしゃが完成。山へ海へと走り出します。

文・絵／春田 香歩
偕成社

読み聞かせポイント

伸ばした足に子どもたちを座らせ、絵本を再現しましょう。ぬいぐるみを並べても喜びます。

カレーライス

野菜やお肉を「トントントン」と切り、鍋で「ジャージャージャー」と炒めて、カレーライスを作ります。テンポのよい擬音が臨場感たっぷり！

さく／小西 英子
福音館書店

読み聞かせポイント

自分たちが作っているように手を動かしてみましょう。カレーライスの手あそびを紹介してみても。

おおさむ こさむ

「おおさむ　こさむ」と、わらべうたのリズムに乗せてうたうように読み進められます。読んだあとは、みんなでおしくらまんじゅうをしたくなりそう。

ぶん／松谷 みよ子
え／遠藤 てるよ
偕成社

読み聞かせポイント

子どもたちとおしくらまんじゅうをしても◎。まずは少人数から始めて、徐々に人数を増やします。

ねこ ときどき らいおん

人気の歌が絵本になって登場。ネコがライオンに、サルがゴリラに変身したら今度はパンダの番。何に変身するのか楽しみになる愉快な絵本です。

作／藤本 ともひこ
講談社

読み聞かせポイント

登場人物の動きがまねしやすいので、子どもたちといっしょに体を動かしながら読みます。

読み取ろう 子どもの 育ち

12月

Part 1 クラスづくり

12月

Qちゃん：1歳11か月

💛 12月のようす

自分でズボンをはこうとしている。片方の足をズボンに入れ、もう片方も同じところに入れようとしていたのでちょっと手を借そうとすると、「ジブンデ」と言って引き続きやっていた。でも、立ちあがることができず保育者に助けを求めるように顔を見上げてきたので、直してあげた。

↓ 読み取り

10の姿
自立心

✦ この場面での子どもの育ち

着脱やトイレなどの場面で、「ジブンデ」という気持ちが出てきている。なんでも一人でやろうとしているが、うまくできないことも多く、しかし手を借すと怒りだすときもある。しっかり自我が芽生えてきて、葛藤しながらもやりきろうとする気持ちが伝わってくる。

✳ 今後の手立て

できた！

「ジブンデ」「ヒトリデ」と、主張しながら自らやろうとするときがある。そんなときはその気持ちを受け入れ、十分に待ち、さりげなく手伝い、自分でできたという達成感を持たせていくようにしたい。

Rくん：2歳5か月

💛 12月のようす

せんせいみて！

園庭に出ると真っ先に三輪車のところに走っていき、すぐにまたがってペダルを上手に踏んで走らせている。ときどき降りては、片足を後ろにのせて蹴るようにして走らせてスピードを楽しんでいる。「せんせ〜見て！」と言い、「スピードが速いね！」と声をかけると、とてもうれしそうにしていた。

↓ 読み取り

10の姿
健康な心と体

✦ この場面での子どもの育ち

足、腕、体を思うように動かせるようになり、三輪車をこぐことが巧みになった。園庭中を思うように走り、ハラハラする場面もあるが、スピードを調節していて感心する。自分のできたことを大好きな先生に見てほしい、そんな気持ちも育ってきている。

✳ 今後の手立て

坂道やでこぼこ道など障害物を用意し、三輪車あそびをもっと楽しくしてあげたい。「見て」と言うときは、しっかりと見て、気持ちが通じあうことの心地よさを伝えたい。周りの子との衝突には十分注意する。

第4期

1〜3月の保育の見通し

🐕 **1年を振り返ろう**

1年間を振り返り、「大きくなった」という気持ちをもてるように。できるようになったことを認め、自信をもって進級を心待ちにしましょう。

 **生活面**

園生活の流れを理解して動く

生活の流れを少しずつ理解できるように、「手を洗ったら、次は絵本を読もうね」などと、見通しをもてる言葉かけを意識して。安全を確保し、先回りせず自分から動けるようにします。

保育の見通し　あそび面

冬ならではの不思議な事象にふれる機会を

雪が降ったり、氷が張ったり、日陰に霜柱ができたり…。保育者もいっしょに楽しみながら、冬ならではの事象にふれあいましょう。ワクワクする気持ちを伝えたいですね。

🐶 異年齢あそびで環境に慣れる

来年度に使用する保育室であそぶ、さまざまな保育者と関わるなど、スムーズな進級のために、多様な経験を重ねます。

🐶 簡単なルールで集団あそびも

保育者といっしょに、おにごっこなどの簡単なルールのあそびも楽しめるように。ていねいにルールを伝え、集団あそびの楽しさを堪能しましょう。

保育の見通し　人との関わり

異年齢とのあそびを学びにする

年上のクラスと積極的に交流し、あそびながらルールを教えてもらったり、ときには譲ることを知ったりします。葛藤もありますが、多くの学びになります。

保育の見通し　保護者対応

1年間を振り返り、その成長を共に喜ぶ

保護者と1年間の子どもの成長を振り返り、その姿を共有しましょう。日々できることが増え、楽しく生活していることを喜び、家庭でのようすも踏まえて次年度につなげていきます。

保育の見通し　安全面

子どものやる気スイッチを尊重する

鉄棒に挑戦しようとするなど、「まだこの子には早い」という場合でも「ダメ」ではなく、チャレンジする気持ちを尊重したいもの。安全面やリスクを踏まえたうえで、よりよい援助を模索しましょう。

生活とあそびを
支える

1〜3月の

環境構成

五感をフルに使ってあそべる
手作りおもちゃで
嗅覚の発達を促す

クンクン、
いい匂い!!

ボトルのなかに、バニラビーン
ズなどの天然香料を入れておき
ます。

発達を促す

2歳前後になると、五感がさらに発達します。触覚、聴覚だけではなく、嗅覚も使った手作り玩具は、子どもの興味が刺激されます。"匂いボトル"を作って、嗅覚の発達を促しましょう。

少しずつお兄さん、お姉さんに
なっていく気持ちを育てて

うさぎぐみ

「もうすぐお兄さん、お姉さんになるんだ」という気持ちがふくらむ時期。進級にぴったりの絵本を読んだり、2歳児クラスにあそびに行ったりするのもおすすめです。

経験を増やす

ボタンはめなど、指先を使ったあそびも取り入れていきましょう。

スプーン・フォークの
持ち方にチャレンジ

安定した生活

補助スプーンを用意し、正しい持ち方を伝えましょう。保育者が正しい持ち方を見せ、「親指はこうだよ」と伝えるなどし、その子の発達に合った持ち方、食べ方、姿勢をチェックします。

こうやって持てばいいのか！

マット運動で全身運動、
さまざまな動きを取り入れよう

発達を促す

次は山だぞ！

戸外あそびが難しい季節なので、マットや布団を駆使して全身運動を楽しみましょう。山を作ってくまさん歩きやごろごろ転がるなど、さまざまな動きを取り入れて。

手洗いしやすい環境を整え、
始末も自分でしてみる

安定した生活

感染症の増える時期、手洗いうがいを自分でもするように伝え、掲示も充実させます。上手にはできなくても、「やろう」という気持ちが大切。鼻をかむためのティッシュも子どもの手の届く場所に設置し、最後は保育者といっしょに鼻を拭くことで、きれいになることの気持ちよさを味わえるようにしましょう。

さっぱりしてよかったね！

子どもの力が伸びる!

1～3月の 保育者の援助

トイレに誘い、座るまねから スタートしてみよう!

友達や年上の友達がトイレに行く姿を見て、「わたしも」と興味をもっている子には、「いっしょに行ってみよう」と声をかけると、意欲につながります。実際に排泄できなくても、座ってみるだけでも大きな一歩になります。

💛 発達に合わせた援助

友達がトイレに行く姿を見た他の子も、刺激を受けて「ぼくも」「わたしも」とついてくることがあります。その子の「行ってみたい」を見逃さずにすぐに対応しましょう。

異年齢あそびで年上の友達と 関わって、新しい発見も!

人との関わりが楽しい時期。また、進級に向けて異年齢との関わりも多くなります。おもしろいあそび方や、巧みな言葉など、年上の友達から見たり聞いたりすることは、大きな刺激になります。

いっしょにあそぼう!

💛 発達に合わせた援助

普段とは違う雰囲気にとまどう子もいます。保育者間で連携をとり、間に入ってスムーズにあそべるよう橋渡しをしましょう。年上の子にとっても、年下の子との関わり方を学ぶ経験となります。

氷あそびで
冬の事象にふれよう

　冷え込みそうな日は、前日からカップやおけに氷が張るように準備しておき、氷に直接ふれられる活動を取り入れます。絵本をあらかじめ読んで導入すれば、スムーズに楽しめるでしょう。

発達に合わせた援助

　冷たくて尻込みしてしまう子もいます。すぐに手を拭けるようにタオルを用意し、寒くないような環境を整えましょう。

友達と「いっしょ」を
楽しめるように

　「特急電車、通りまーす！」「おうち作っているの」などと、電車や積み木でさまざまなあそびを友達同士で広げます。共有している思いを大切に見守り、あそびの幅が広がるように少しだけアドバイスしましょう。

駅に
到着しまーす！

発達に合わせた援助

　「入れて」が言いたいけれど言えない子の思いにはすぐに応え、「いっしょにやろう」と保育者もいっしょに入りましょう。

簡単なルールのある
あそびが楽しめるように

　しっぽ取りなど、簡単なルールのあるあそびを設定しましょう。ルールを繰り返していねいに伝えることで、ただ走るだけではなく、止まったり友達のようすを見て追いかけたりができるようになります。まずは保育者がおにになり、楽しい経験を重ねることが集団あそびへとつながります。

先生が
しっぽ取りの
おにだよー！

ピョンピョン
かわいい
うさぎさんだよ！

発達に合わせた援助

　おにになると泣いてしまう、タッチした・していないといったトラブルも増えます。それぞれの思いにていねいに対応して説明することで、自分なりの折り合いを見つけられるようになります。

1月

☆ ねらい ☆

* 保育者や友達とふれあいを楽しみながら、いっしょにあそぶ。
* 簡単な身の回りのことは、自分でしようとする。
* 氷や雪など、冬の自然を楽しむ。

チェックリスト ✏️

- ☐ 自分でしようとする意欲を認めて見守る。
- ☐ 手の届く場所にティッシュペーパーを置き、鼻水などすぐ拭けるようにする。
- ☐ あそびのイメージが膨らむような、シンプルな玩具や用具を準備する。
- ☐ 下痢、嘔吐の処理をするセットを準備しておく。
- ☐ 休み明けで不安定になりがちなので、生活リズムを整えてもらう。

あそび

感触あそび　クラフトテープ

ペタペタくっつきあそび

ねらい
* 友達とクラフトテープのくっつきを楽しむ。

準備する物
カラーボール、布クラフトテープ

\ あそび方 /

① テープを垂らす

棚などに、布クラフトテープを垂らすように何本か貼っておきます。子どもの手が届く高さにしましょう。

② ボールをつける

子どもたちは一人１個ずつボールを持ちます。「よーい、どん!」の合図で垂れ下がったテープに、ペタペタボールをくっつけていきます。

ことばかけ

「ここにボールをペタペタくっつけよう。おもしろいよ!」

保育者の援助

テープはボールの重さではがれないよう、棚にしっかり貼ります。あそび終わったらそのまま飾り、降園時に保護者に見てもらってもよいでしょう。

バリエーション

しっぽを目がけて

保育者の腰に布クラフトテープをくっつけ、「しっぽだよ〜」と言って逃げます。子どもたちはそれを追いかけ、ボールをくっつけてあそびます。

しっぽだよ〜

オオカミがきた!

あそび方

1 お母さん役とあそぶ

保育者一人がお母さん役に、別の保育者はオオカミ役になります。お母さん役が子どもたちとあそんでいるとオオカミ役がやってきます。

2 逃げる

オオカミ役が「ガオー、待て待てー!」と言いながら追いかけ、子どもは逃げ回ります。

3 机の下に隠れる

お母さん役が「こっちよ!」と言って誘導し、みんなで机の下にもぐります。

4 机の下から出る

オオカミ役がどこかへ行ったら「よかったね」と言って出てきて、またあそび始めます。繰り返してあそびましょう。

 ことばかけ

「○○先生はお母さん役、△△先生はオオカミ役だよ～。食べられないようにね」

保育者の援助

オオカミを怖がる子もいるので、ようすを見ながら演じましょう。追いかけるときに、子どもに軽くタッチをしたりするとさらに盛り上がります。

あそびのポイント

耳を澄まして

オオカミの声が聞こえてきたら、「あれ?何か聞こえるね。みんなシー! 誰かな、誰かな?」と言って、子どもたちの興味をひきましょう。

 見立て　みんなで

今日は運転士さん

ねらい

＊ なりきりあそびを、友達といっしょに楽しむ。

準備する物

ハンドル、大型積み木

\ あそび方 /

1 ハンドルを持って歩く

子どもたちにハンドルを渡し、部屋中を歩き回ります。

2 積み木にのる

大型の積み木を車に見立て、子どもたちがのります。「のせて、のせて!」と保育者が話しかけてもよいでしょう。

3 外でドライブ

慣れてきたら、ハンドルを持って外へ。園庭や公園などでドライブしてみましょう。

Part
1
クラスづくり

1月

ことばかけ

「このハンドルを持って、ブッブーと運転してみようね」

保育者の援助

積み木を2個つなげて長くし、バスのようにしたり、子ども2～3人で並んで座り運転手とお客さんにしたりしてもOK。自由にあそびましょう。

🐼 作り方

ハンドル

新聞紙を丸めて棒状にしたものをねじる。

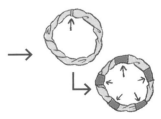

輪にしてセロハンテープでとめ、数か所ビニールテープでとめる。

（感触あそび）　（新聞紙）

ビリビリヘビさん

ねらい

* ヘビに見立ててイメージを広げ、紙を引きさく動きを楽しむ。

準備する物

ビリビリ新聞紙、ビニールテープ

\ あそび方 /

① 新聞紙を引きさく

子どもの手の届く高さに、ビリビリ新聞紙を貼ります。ビニールテープの部分を持って引きさきます。

ビリビリ〜できたね〜

ビリビリ

② ヘビに見立てる

引きさいた紙をヘビに見立てて、ユラユラ揺らしたりくっつけたりしてあそびます。

ゴッツン

ヘビさんユラユラごっつんこ

ことばかけ - - - - - - - - - - - - - -

「長いヘビさんがでてきたね」
「ニョロニョロヘビさん、こんにちは」

保育者の援助

始めは保育者が、「へびさんビリビリ」などと言いながら、破いてみせます。「長い」「短い」などの言葉を用いて"くらべっこ"も楽しみましょう。

作り方

ビリビリ新聞紙

新聞紙を広げて壁に貼ります。切り込みを入れ先端にビニールテープを貼り、子どもがつまみやすいようにします。

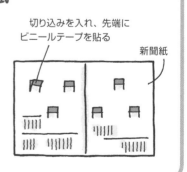

切り込みを入れ、先端にビニールテープを貼る

新聞紙

`運動あそび` `バランス感覚` `懸垂力`

おんぶから抱っこへ

Part
1
クラスづくり

1月

\ あそび方 /

1 保育者が子どもをおんぶします。

2 保育者が前かがみになりながら子どもを支え、子どもは保育者の背中側からおなか側へと動きます。

3 保育者の前に回り、抱っこの状態になります。

あそびのポイント

慣れてきたら、おんぶから抱っこになったあと、もう一度おんぶになるまで回り、一周してみましょう。

ねらい

＊ 高所感覚を身につけながら、保育者とふれあってあそぶ。

子どもが落ちないよう保育者は前かがみになり子どもの体をしっかり支えます。

`運動あそび` `バランス感覚` `脚力`

一本橋を横歩き

\ あそび方 /

保育者と両手をつないで向かい合い、子どもが板の上を横歩きで進みます。

保育者の援助

保育者が引っ張ってしまうと子どもがバランスを崩しやすくなります。子どもの進む速さに合わせましょう。

ねらい

＊ いろいろな歩き方を経験し、達成感を味わう。

準備する物

細い板

むすんで ひらいて

1 むすんで

両手をグーにし、上下に4回振る。

2 ひらいて

両手をパーにし、上下に4回振る。

3 てをうって

4回拍手する。

4 むすんで

❶と同様にする。

5 またひらいて

❷と同様にする。

6 てをうって

❸と同様にする。

7 そのてを

両手を胸の前で軽く握る。

8 うえに おひさま…
キラキラひかります

両手をパーにして上げ、頭の上でひらひら振る。

2番 は **1番** の❶〜❼と同様に。「ひこうき…とぶ」は両手を横にして空を飛ぶしぐさに。

作詞／不詳　作曲／ルソー

♩=100

1.2. む すーんで ひら いーて て をーうって むーすん で

また ひ らい て て を うって そ の ー て を
うえに
よこに

おひ さま キラ キラ おひ さま キラ キラ おひ さま キラ キラ ひかりま す
ひこ うき ブン ブン ひこ うき ブン ブン ひこ うき ブン ブン そらをと ぶ

♪ ごんべさんの赤ちゃん

1 ごんべさんの

両手を頭上から顔に沿ってあごの下までおろし、頬かぶりのしぐさをする。

2 あかちゃんが

両手で赤ちゃんを抱きかかえるしぐさをする。

3 かぜひいた

両手を口元に当て、せきをするようなイメージで首を前後に振る。

4 ごんべさんの…
かぜひいた

❶〜❸を2回繰り返す。

5 とても
あわてて

4回拍手する。

6 しっぷした

片方ずつ、手を交差するように胸に当てる。

弾んでユーモラスに

作詞／不詳　アメリカ民謡

ごん　べ　さん　の　あ　か　ちゃん　が　か　ぜ　ひ　い　た

ごん　べ　さん　の　あ　か　ちゃん　が　か　ぜ　ひ　いた　　ごん　べ　さん　の　あ　か　ちゃん　が

か　ぜ　ひ　いた　　と　て　も　あ　わ　て　て　しっ　ぷ　し　た

おめでとう

ウサギ、ネコ、トラやチーター、ぼくもあの子も「おめでとう」と祝福を贈り合います。地球上の生き物の、心を込めた「おめでとう」が溢れます。

え／もたい たけし
ぶん／ひろまつ ゆきこ
講談社

読み聞かせポイント

小さな絵本なので座る位置に配慮します。「おめでとう」と言って、新年のあいさつを伝え合いましょう。

あぶくたった

「あぶくたった」の歌にのせて、ネズミの家族がおしるこを煮ています。鍋を囲んでご機嫌にうたい、踊るネズミ一家のようすが楽しさいっぱいです。

構成・絵／さいとう しのぶ
ひさかたチャイルド

読み聞かせポイント

読み終わったあとに無病息災の願いを込めて食べる、鏡開きの風習を伝えるのもよいでしょう。

ゆき ふふふ

雪が降ってきました。積もったら小さな雪の玉をたくさん作って重ね、大きな雪だるまの完成です。雪の日の風景や雪あそびの楽しさが伝わるお話。

さく／ひがし なおこ
え／きうち たつろう
くもん出版

読み聞かせポイント

雪の日に外に出て体温で雪が解ける体験をしてみても。雪でのお団子作りは小さい年齢にもおすすめ。

おんなじおんなじ ももんちゃん

ももんちゃんが金魚やサボテン、おばけといっしょに雪だるまを作ります。赤い帽子、手袋、長ぐつを履かせると、ももんちゃんそっくりの雪だるまに!

さく・え／とよた かずひこ
童心社

読み聞かせポイント

「よいしょ」といっしょに言って主人公を応援します。雪だるまの製作物を作るときに読んでもよいでしょう。

てぶくろ

おじいさんが森の中で落とした手袋に住み着いたネズミ。そこに動物たちが次々やってきては中に入ります。最後はクマまで入ってきてしまい…。

え／エウゲーニー・M・ラチョフ
やく／内田 莉莎子
福音館書店

読み聞かせポイント

「入れる?」「無理だよ」と会話が楽しい絵本。最後はお話からゆっくり戻れるようトーンを落とします。

カニ ツンツン

「カニ ツンツン ビイ ツンツン」。不思議な響きの言葉と形がたくさん描かれています。声に出して読むうちに、どんどん楽しくなってきます。

ぶん／金関 寿夫
え／元永 定正
福音館書店

読み聞かせポイント

繰り返し声に出して下読みしておくと、リズムや絵本の世界観をつかみやすくなるのでおすすめです。

子どもの育ち

1月

Sくん：2歳0か月

💗 1月のようす

コマチのった

言葉が出るのが少し遅いかなと思っていたが、「ニャーニャー」を「ネコ」、「ワンワン」を「イヌ」と言うようになってきた。今日は新幹線の絵本を見ながら「コマチのった」「ドッターイエロー（ドクターイエロー）みた」「ハブサ（はやぶさ）」と言っていた。好きなものの名前を言う表情は誇らしげだ。

↓ 読み取り

10の姿 言葉による伝え合い

✦ この場面での子どもの育ち

興味や関心があるものの名前を急に言えるようになってきた。これまでは静かに言葉を貯めていたのだろうと思う。絵本を指さして経験したことを思い出し、2語文で話したのには驚いた。言葉が少し遅いのではと心配していた保護者にも、さっそく伝えたい。

今後の手立て

ハブサ！

話し出す時期には、個人差やタイミングがあるので、把握しながらも、焦らないようにしたい。発音の間違いはさえぎったり指摘したりせず、保育者がゆっくりと正しい発音を意識していくことで伝えたい。

Tくん：2歳7か月

💗 1月のようす

ママがいい〜

今日も午睡前、突然「ママがいい」と泣き出す。「ママが好きなのね! ママお迎え来てくれるからね!」と、しばらく抱っこすると落ち着くことができた。母親が第2子出産で入院したあたりから、思い出しては落ち込むこともあるが、少し声をかけるだけで気持ちを自分で切り替えた。

↓ 読み取り

10の姿 自立心

✦ この場面での子どもの育ち

母親が入院し、Tくんは少し不安になっているのだと思う。母親を思い出し、ときどき寂しくはなるが、保育者に抱っこしてもらったり、語りかけてもらったりすることで、気持ちを切り替えることができた。泣くことで自分の思いを出すのはよいことだと思う。

✳ 今後の手立て

大好きなお母さんにはかなわないが、恋しい気持ちに共感し、たっぷり抱っこしてしっかりと受け止めたい。また、「園に来たら楽しい」と思えるよう、大好きな追いかけっこや三輪車であそび、元気に過ごしたい。

2月

＊ ねらい ＊＊＊＊＊＊＊＊＊＊＊＊

＊ 寒い時期を健康に過ごす。

＊ あそびの中で、自分の気持ちや欲求を言葉で伝えようとする。

＊ 苦手なものも、少しだけ食べてみる。

チェックリスト ✐

☐ 保育室に加湿器を用意して一定の湿度を保つ。

☐ トイレに便座カバーをつけるなど、寒さ対策をする。

☐ 片づけをしやすいようにカゴなどを用意し、入れる物の写真を貼る。

☐ 5歳児と給食やおやつをいっしょに食べる機会をつくる。

☐ 子どもが自分で着やすい衣服を、保護者に用意してもらう。

リズムあそび　やりとり

みんなでトントントン

ねらい

* リズムをとりながら、繰り返して あそぶ楽しさを感じる。

\ あそび方 /

1 見本を見せる

まずは保育者が3回手拍子を打ったあと、同じリズムで体の部位を触り、見本をみせます。

2 みんなでいっしょに

保育者といっしょに子どもたちも同じ動きをします。「おみみ」「おめめ」「かーた」「おひざ」など、体の部位を変えながら、何度も繰り返してあそびます。

ことばかけ

「おなかはどこかな？　先生が3回トントントンと手をたたいたら教えてね」

保育者の援助

「目はどこかな？」「頭はどこかな？」など、あそぶ前に体の部位を子どもたちと確認します。「ここは？」など子どもに聞いてもよいでしょう。

バリエーション

手はおひざ

手拍子3回＋「おはよう」など、あいさつと組み合わせて楽しんでも。保育者の話を聞く前の導入として、3回手拍子＋「おひざ」でも活用できます。

シールペッタン!

\ あそび方 /

① 画用紙に貼る

大きめに切ったビニールテープを台紙（厚手のビニール）に貼ります。人数分作ります。それを子どもたちが画用紙に自由に貼ります。

② 大きな紙に貼る

シールが残ったら、大きな紙にみんなで貼りましょう。大作のできあがり!

ことばかけ

「シールをはがして、ここにペタっと貼ってみよう。赤にする？　黄色もあるよ」

保育者の援助

台紙はテーブルクロスを小さく切ったものにすると、繰り返し使えます。ようすを見ながら、「何ができるかな?」「くまさんかな?」と声をかけましょう。

あそびのヒント

上手くはがせない子には

ビニールテープをうまくはがせない子がいるときは、ビニールテープの端に軽く折り目をつけておくと、台紙から簡単にはがすことができます。

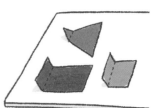

見立て　みんなで

ごはんですよ

\ あそび方 /

① 広告を切る

カタログやスーパーの広告から食品の写真を、保育者が子どもたちの前でどんどん切っていきます。

② 食べるまね

「おいしいね」「ムシャムシャ」などと言いながら、みんなで食べるまねをします。

③ 色画用紙を切る

保育者が色画用紙をニンジンやキュウリなどの形に切って渡します。子どもたちも色画用紙をちぎってお皿の上に入れたり、混ぜたりして自由に料理ごっこをします。

ことばかけ

「みんなでお料理を作って、ごはんを食べようね」

保育者の援助

はさみは子どもがさわらないよう、注意して使用します。「はい、どうぞ」「ちょうだい」など、やりとりをしてあそびましょう。

🐼 バリエーション

本物の道具を使って

ごはんの材料ができたら、おたまやボウルなど、本物の台所用品を使ってあそんでみましょう。

見立て　体を動かす

赤ちゃんボール

ねらい
＊ ボールあそびを楽しみながら、想像力を養う。

準備する物

大きめのボール

\ あそび方 /

① 抱っこ&ギュ

ボールを赤ちゃんに見立てます。抱っこして左右に揺らしてから、ギュッと抱きしめます。

② 高い高い&おんぶ

ボールを高く上げ、「高い高い」と言います。そして背中にボールを背負い、左右に揺れます。

③ 肩車&なでる

ボールを首の後ろにもっていってから、「よしよし」と言ってなでます。

ことばかけ

「見て見て！　かわいい赤ちゃんボールよ。抱っこしてお世話をしてみようね」

保育者の援助

おんぶや肩車が難しい場合は、保育者が手助けをしながら行います。ボールを投げてしまうなどする場合は、少人数ずつであそぶとスムーズです。

あそびのヒント

同じ動作を子どもにも

ボールを赤ちゃんに見立てるこのあそび、まず子どもを同じように抱っこしたりおんぶしたりしてみましょう。

運動あそび **バランス感覚** **空間認知力**

綱渡りできるかな?

ね ら い

＊ 友達といっしょに歩くことを楽しむ。

準備する物

長なわ

\ **あそび方** /

1 　床に長なわで円を作ります。

2 　両手を左右に伸ばしてバランスをとりながら、円に沿って歩きます。

保育者の援助 🐱 ┄┄┄┄┄┄

　わざと大げさにバランスを崩してから、両手を広げて持ち直すなどして興味をひき、バランスのとり方を伝えます。

円の大きさは直径1.5メートルから2メートルが目安です。

- -

運動あそび **バランス感覚** **高所感覚**

ひざに立てるかな?

ね ら い

＊ 視野を楽しむ。体幹を使って安定して立とうとする。

\ **あそび方** /

1 　保育者と子どもは向かい合います。保育者は両ひざを閉じ、立てて座ります。

2 　保育者は子どもを持ち上げ、ひざの上に立たせて、脇腹か腰を支えます。子どもは両手を横に広げてバランスをとります。

保育者の援助 🐱 ┄┄┄┄┄┄┄

　子どもが慣れてバランスがとれるようになったら、保育者は子どもから手を一瞬離してみます。転倒には十分注意しましょう。

子どもの腰をしっかり持つようにします。

大きな栗の木の下で

1 おおきな くりの

両手を左右にひろげてから、
大きな木を抱えるしぐさをする。

2 きの

両手を頭に当てる。

3 した

両手を肩に当てる。

4 で

両手をおろす。

5 あなたと

前にいる人をさすように、人
差し指を出す。

6 わたし

人差し指で自分をさす。

7 なか

右手を左胸に当てる。

8 よく

左手を交差させて右胸に当
てる。

9 あそびましょう

❽のポーズのまま、左右に揺
れる。

10 おおきな くりの

❶と同様にする。

11 きの した

❷、❸と同様にする。

12 で

❹と同様にする。

🐑 **あそびのポイント**

まだ難しい子は、保育者のひざの上にのせ、後方から保育者が手を添えてあそびます。慣れてきたら向かい合って座り、あそびましょう。

歌詞を「♪ちいさな くりの きの したで…」とアレンジし、振りを小さくしても楽しめます。

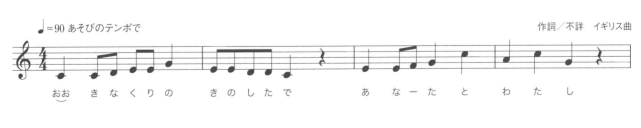

絵本

まる さんかく ぞう

「さんかく　ぞう　まる」「ぞう　ふね　さんかく」と意外な言葉の組み合わせが新鮮。連続する言葉のリズムと、シンプルな形がくせになります。

読み聞かせポイント

絵から読める絵本なので展開を理解すると、子ども同士で絵本を囲んで読み合いができます。

作／及川 賢治　竹内 繭子
文溪堂

いろ

赤はリンゴ、トマト、イチゴ。青は空。雲は白。身近なものと色を結びつけて紹介。混ざりあってできるなど、色への関心をもつきっかけになります。

読み聞かせポイント

身近な色が登場するので、色に興味をもつ時期に最適。色をさわるゲームなどにつなげても楽しめます。

作・絵／いもと ようこ
金の星社

だれかがいます

木の中に小さな目。隠れているのは誰？　絵の中に隠れた何かが、「いました」と明かされていきます。誰が隠れているのか当ててあそびましょう。

読み聞かせポイント

子どもと近い距離で読むようにし、いっしょに絵の中に隠れている何かを探していきましょう。

作／五味 太郎
偕成社

そろそろ そろーり

「そろそろ　そろーり」と後ろから近づいては、動物たちを驚かせる女の子。最後はみんなでクマを驚かすと…？　いたずらあそびがほほえましいお話。

読み聞かせポイント

主人公といっしょに「わっ!」と驚かしてみたり、そろりと歩く歩き方をまねしたりして物語に親しんで。

作／たんじ あきこ
ほるぷ出版

よんでよんで

絵本を読んでもらいたい男の子が、動物たちに「読んで」とお願いをして…。最後はようやく洗濯が終わったお母さんがひざで読んでくれて大満足！

読み聞かせポイント

読んでもらう楽しさ、読む楽しさの両方が味わえます。絵本を読む動物たちの声を想像しても。

さく／ときわ ひろみ
え／さとう あや
教育画劇

10ぱんだ

パンダの数が1頭、2頭、3頭とどんどん増えて、10頭まで紹介します。寝転んだり、ごはんを食べたり、愛らしい姿のパンダに笑みがこぼれます。

読み聞かせポイント

かわいいパンダの姿を楽しんだり、パンダの数を子どもたちと数えたりして読むと、楽しいですね。

ぶん／岩合 日出子
しゃしん／岩合 光昭
福音館書店

読み取ろう 子どもの育ち

Uくん：2歳1か月

❤ 2月のようす

いつもはクレヨンで好きになぐり描きをしているが、今日は絵の具を出してみた。右手で筆を持って画用紙に線を描いている。スーッと筆を左右に動かしているうちに、手に絵の具がついてしまったが、誕生日に手形を取ったのを思い出したのか、楽しそうに手のひらに塗りだした。

読み取り → 10の姿 **豊かな感性と表現**

✧ この場面での子どもの育ち

クレヨンよりもスーッと筆が動き、線が描けていくのがとても気持ちよさそうだった。スーッと描けることでクレヨンよりも開放感を味わえたのではないだろうか。手のひらに塗りだし、ちょっと冷たい絵の具の感触を感じながら、自ら手形あそびも楽しむことができた。

✳ 今後の手立て

クレヨンや絵の具あそびを取り入れ、なぐり描きをたくさんしていきたい。何か形を描くとか、じょうずに描くということではなく、手形あそびも取り入れながら、線や色をうんと楽しめるようにしたい。

Vちゃん：2歳9か月

❤ 2月のようす

人形を持ってきて、「おんぶにして」と言ってくる。おんぶ紐で背負わせると、手さげ袋を持って、保育室内をうろうろと歩いている。ままごとのキッチンに到着すると、鍋に食べ物の玩具を入れ、おたまでかき混ぜて料理していた。「赤ちゃん元気?」と聞くと、はにかんだような笑顔でうなずいていた。

げんきです

読み取り → 10の姿 **思考力の芽生え**

✧ この場面での子どもの育ち

模倣あそびが盛んになってきている。人形を抱っこ・おんぶしながら、買い物袋を提げて歩く姿は小さなお母さんそのもので、お母さんごっこをしている友達と話し合う姿も微笑ましい。おんぶの手の回し方、料理の仕方など、お母さんの動きをよく観察していると感心する。

✳ 今後の手立て

ままごとコーナーの玩具を充実させ、イメージが膨らむようにしていきたい。他の子が来て玩具を取るなどのトラブルも予想されるので、保育者も加わってあそびが継続していくようにし、言葉のやりとりも楽しみたい。

ごはんですよー

ねらい

* 春の訪れを感じ、戸外でのびのびとあそぶ。
* 異年齢に興味・関心をもち、いっしょにあそぶ。
* 散歩では目的地まで自分で歩く。

チェックリスト 🖊

☐ 2歳児の保育室で過ごす機会を設け、進級へ目が向くようにする。

☐ 子どもの話したい気持ちを大切にし、落ちついた雰囲気をつくる。

☐ 保護者にとって無理のない園行事への参加方法を話し合っておく。

☐ 草花や虫など、季節を感じられるような場所へ出かける。

☐ 1年間の成長を喜び、要望を聞いて、進級を迎えられるようにする。

あそび

体を動かす　みんなで

いろいろトンネル

ねらい

＊ みんなでつながってあそぶことを
楽しむ。

Part 1　クラスづくり　3月

\ あそび方 /

① 鉄棒をくぐる

保育者を先頭に、つながって
電車になります。園庭の鉄棒
まで歩き、「あ、トンネルだ！
頭をゴッツンしないようにくぐ
ろう」と言って、前かがみにな
ってくぐります。

② いろいろな
遊具をくぐる

うんていまで進み、「まあるい
トンネルだ」、すべり台で「くね
くねのトンネルだ」などと言い
ながら、遊具をどんどんくぐっ
てみましょう。

発車
しまーす

あ、トンネルだ！

くぐりまーす

まあるい
トンネルだ！

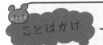
ことばかけ

**「みんなで長い電車になって、お外にある
トンネルをくぐってみよう」**

保育者の援助

遊具をくぐるときは、ゆっくりと進むようにします。先
頭の保育者以外に、もう1人保育者がそばについて、子
どもたちを見守ると安心です。

👶 あそびのヒント

危険を知らせる

あそぶ前に遊具に
わざと頭をぶつけるま
ねをして「痛い！　み
んなも気をつけてね」
と言って、まずかがん
で歩くことを経験して
みましょう。

ぶつけ
ないように

くぐって渡って

準備する物

スズランテープ、布クラフトテープ、ブロック

＼ あそび方 ／

① くもの巣をくぐる

鉄棒にスズランテープをくもの巣のように張りめぐらせ、布クラフトテープでとめます。子どもは頭をぶつけないようにくぐって進みます。

② ブロックを渡る

ブロックを3個、間を離して置きます。子どもは飛び石のようにまたいで進みます。

ことばかけ

「くもの巣に当たらないようにね」
「大きく足を開こうね」

保育者の援助

鉄棒のくもの巣は、最初は保育者が見本を見せてから行います。ブロックの間隔は子どものようすを見ながら設定しましょう。

パリエーション

他の遊具にも張る

慣れてきたら、うんていなどに、くもの巣を作ります。スズランテープに引っかからないように進みます。

造形あそび　ホース

ホースの首かざり

ねらい

＊ 指先の発達や集中力を養い、達成感を感じる。

準備する物

いろいろな長さに切ったホース、太めのひも

＼ あそび方 ／

① ひもに通す

ひもの片方の先を結びます。子どもたちは好きなホースを選んで、ひもに通していきます。

ここに通そうね

② 首かざりに

通したら、保育者が結んで輪にし、首かざりを作ります。

ことばかけ - - - - - - - - - - - - - -

「ひもにホースを通してみよう。何色にする？　黄色にしてみようか」

保育者の援助

ひもの先端3〜5cmにセロハンテープを巻いておくと、通しやすくなります。ひもは2本、3本とやりたがる子のために、多めに用意しておきましょう。

🐼 あそびのヒント

ホースに模様を描く

切ったホースに、保育者があらかじめ油性ペンで動物や星、キャラクターなどを描いておくと子どもたちも大喜び。ホースの太さも、いろいろと用意しましょう。

見立て　みんなで

みんなでお買いもの

ねらい

＊ 決まった場所に片づけること、みんなで片づける楽しさを知る。

準備する物

なわとび、ボール、三角コーンなど（園にあるもの）、ブルーシート、一輪車（またはリアカー）

\ あそび方 /

① 一輪車にのせる

箱に入れたボールやなわとびなどを、並べます。保育者が一輪車をひいて、子どもたちが自由に好きなものをのせていきます。

② シートに並べる

「おうちに帰ろう」と言って、家に見立てたブルーシートに行き、一輪車にのせたものを並べます。

③ 片づける

「どこにあったかな?」と言いながら、みんなで元の場所へ戻します。

ここかな?

ここかな?

どこにあったかな?

ことばかけ

「お買いものをしようね。好きなものを選んだら、一輪車にのせてね」

保育者の援助

なわとびやボールなど片づけるものは、あらかじめ種類別に箱などの中に入れておき、子どもたちが迷わず戻せるように区別しておきます。

バリエーション

保育者が店員さん役に

もう一人保育者が入り、なわとびやボールなどの箱のそばで「いらっしゃいませー!」「ボールはいかがですか?」などと店員さん役になってあそんでも盛り上がります。

いらっしゃいませ

運動あそび　バランス感覚　脚 力

一本橋を渡ろう

最初はこわがる子ども
もいるので、子どもの
ようすを見ながら進め
ましょう。

\あそび方/

🍎　保育者と片手をつないで、子どもが板の上を歩きます。

ねらい
* バランスよく歩く。
* 全身を使ってあそぶ。

準備する物

細い板

保育者の援助
左右の足を前に出して歩けるように、「そうっと」「1・2」などと声をかけて促してみましょう。

運動あそび　脚 力　協調性

片足よいしょ！

よいしょ

両手をしっかり
握って行います。

\あそび方/

① 子どもと保育者が向かい合って立ち、手をつなぎます。

② 子どもは片足を上げ、下ろしたらもう一方の足を上げることを繰り返します。

ねらい
* 簡単なルールを理解する。
* 保育者とふれあってあそぶ。

保育者の援助
タイミングを合わせて保育者といっしょに片足を上げると、動きがわかりやすく楽しく取り組めます。

🎼 たまごのうた

1 1番 **まるい たまごが**

両手を頭の上で合わせて輪を作る。

2 **パチンと われて**

大きく1回拍手する。

3 **かわいい ひよこが ピヨッピヨッピヨッ**

両手を横にひろげ、羽ばたくように上下に動かす。

4 **まあ かわいい**

両手を交差させ、大きくまわす。

5 **ピヨッピヨッ ピヨッ**

❸と同様にする。

6 2番 **かあさんどりの おはねのしたで**

片手ずつ順に胸の前で交差させ、そのまま胸を2回たたく。

7 **かわいい おくびを ピヨッピヨッピヨッ**

片手ずつ順に腰につけ、首を左右に振る。

8 **まあ かわいい**

❹を1番より大きく行う。

9 **ピヨッピヨッ ピヨッ**

両手を腰につけ、首を左右に振る。

10 3番 **あおい おそらが**

両手を上げ、軽く振る。

11 **まぶしくて**

両手で目を隠す。

12 **かわいい おめめを クリックリックリッ**

両手でそれぞれ輪を作り、目の前でまわす。

13 まあ
かわいい

❹を2番より大きく行う。

14 クリックリッ
クリッ

両手でそれぞれ輪を作
り、目の前でまわす。

🐑 あそびのポイント

お座りが難しい子は、保育者のひざの上
にのせ、後方から保育者が手を添えてあそ
びます。「♪まるいたまごが」は、体の前で
腕で輪を作り、「♪パチン」は音を立てて拍
手した後、手を大きくひらきます。あとは
❸❹❺と同じです。1番だけ繰り返してあ
そんでみましょう。

♩=108 愛らしく

作詞・作曲／不詳

1. ま　　る　い　　た　ま　ご　が　　パ　チ　ン　と　　わ　れ　て　　　　ひ　よ　こ　が　　お　く　び　を
2. か　　さ　ん　　ど　り　の　　お　は　ね　の　　し　た　で　　　　か　わ　い　い　　お　め　め　を
3. あ　　お　い　　お　そ　ら　が　　ま　ぶ　し　く　て　ー　ー

ピヨッ　ピヨッ　ピヨッ
ピヨッ　ピヨッ　ピヨッ　　　　ま　　あ　か　わ　い　い
クリッ　クリッ　クリッ

ピヨッ　ピヨッ　ピヨッ
ピヨッ　ピヨッ　ピヨッ
クリッ　クリッ　クリッ

おいしい おひなさま

ねずみちゃんとうさぎちゃん、りすちゃん、たぬきちゃんが自分たちでおひなさまを作ることに。チーズやニンジンでできたおひなさまが完成して…。

読み聞かせポイント

おひなさまの製作前に読みたい1冊。5人囃子も描かれているのでひな祭りの歌もイメージできます。

ぶん／すとう あさえ
え／小林 ゆき子
ほるぷ出版

おままごと

お外でままごとを始めた女の子。ぬいぐるみのぶうちゃんのお誕生会を開くため、タンポポや葉っぱ、泥でたくさんのごちそうを作ります。

読み聞かせポイント

絵本をヒントに、草花でごちそうを作り、シートを敷いてパーティー気分を味わってあそんでも楽しいですね。

作／すなやま えみこ
こぐま社

おおきくなあれ

アザラシやクマ、ヤマアラシ、ラッコなど、さまざまな動物たちの赤ちゃんがいきいきと描かれた絵本。親との姿や、色の違いも知ることができます。

読み聞かせポイント

文字が少ないので、子どもたちの反応を受け止めながら読みます。動物の名前を紹介しながら読んでも。

作／あべ 弘士
絵本館

ぼくはあるいた まっすぐまっすぐ

一人でおばあちゃんの家に向かったぼく。まっすぐ進んでいたはずが、花を見つけたり小川を渡ったりと道をそれて…。自然にふれる姿が印象的なお話。

読み聞かせポイント

主人公を応援する子どもたちの気持ちを大切にします。裏表紙も人気なのでしっかり見せましょう。

作／マーガレット・ワイズ・ブラウン
え／林 明子
ぶん／坪井 郁美
ペンギン社

サンドイッチ サンドイッチ

ふわふわのパンにバターをたっぷり塗って、トマト、チーズ、ハムを挟んでサンドイッチを作ります。リアルに描かれた絵がとってもおいしそう！

読み聞かせポイント

サンドイッチができていく過程に期待がふくらみます。クッキングの活動に取り入れるのもおすすめ。

さく／小西 英子
福音館書店

どんないろがすき

童謡「どんないろがすき」を絵本で表現。歌詞に合わせて、赤色のもの、青色のもの、黄色のものなどが見開きで描かれ、色への興味が高まります。

読み聞かせポイント

みんなで元気よくうたい読みし、好きな色を思い浮かべたら、思いきり絵を描いてみましょう。

絵／100% ORANGE
フレーベル館

読み取ろう 子どもの育ち

Wくん：2歳5か月

♥ 3月のようす

おしっこが出そうになったのかズボンの上から、股間を押さえるようにしていた。「おしっこ行こう」と誘うが「出ない」と言ってあそび続けた。しかし食後に自分から「ウンチ出た〜」と、知らせてきた。おむつを替えながら、「教えてくれてありがとう」「えらいね」とほめるとうれしそうだった。

ウンチでたー

↓ 読み取り

10の姿 健康な心と体

✦ この場面での子どもの育ち

トイレに誘っても楽しいあそびの方が勝ってしまうようだ。しかし、おむつで排便をすると気持ち悪いということはしっかりと感じられるようになってきている。ウンチが出たことを知らせ、ほめられてうれしかった気持ちを、次につなげていきたい。

✳ 今後の手立て

排尿間隔を把握し、出そうになる前にトイレに誘ってみる。また午睡後、排尿前にもトイレに誘ってみる。「おしっこ」が出て気持ちいい、尿意を伝えてほめられうれしい、そんな体験を積み重ねていきたい。

Xちゃん：2歳11か月

♥ 3月のようす

活動のグループがいっしょの〇くんと最近とても仲よくしている。「Xちゃん」「〇くん」と名前を呼びあって微笑んだり、園庭であそぶときも手をつないだりして、あれこれおしゃべりしている。2歳児クラスにあそびに行った際も、「次はここであそぼうね」と話し合っていて、子どもだけの世界を楽しんでいる。

いいよー

こっちいこう

↓ 読み取り

10の姿 協同性

✦ この場面での子どもの育ち

年度末の落ちつかない雰囲気の中、心許せる友達とのあそびが充実している。あそび方を伝えたり、発展させたりと、協力しあっている姿が頼もしい。進級という不安を感じる時期だが、友達といっしょにいることで楽しいことが増え、進級にも希望をもてているようだ。

✳ 今後の手立て

2歳児さんでも大丈夫

保育者が仲立ちとなり、友達とあそぶ楽しさを伝えていきたい。ときには言葉を補足しながら、「いっしょが楽しい」を広げようと思う。進級の落ちつかない時期もていねいな関わりを心がけたい。

＼1歳児クラス／
年度末の保育のヒント

2〜3月の年度末の時期は、進級を念頭においた保育が必要です。子どもが自信をもって次のクラスに行くための、保育のヒントを見てみましょう。

1 子ども一人一人の成長を振り返り、次の担任へ引き継ぐ

子ども一人一人の保育記録をたどり、この1年間の成長を振り返りましょう。そのうえで、発達の状態や好きなこと、課題となっていることを次の担任に伝えられるよう書類を整えます。誰が読んでもわかる書き方にしましょう。

2 次のクラスへの期待感を高め、スムーズな移行を

「もうすぐみんなは〇〇クラスになるんだよ、楽しみね」と声をかけ、成長や進級に関する絵本を読むなどし、子どもの期待感を高めましょう。また、次に過ごす保育室へあそびに行ったり、玩具を借りたりするのも一案です。

3 担任でなくても安心！さまざまな大人とふれあう機会を

どの保育者が担当しても安定して生活を送れるように、特に進級の時期はさまざまな保育者とふれあってあそびます。その子の好きなことやクセをどの保育者も把握し、それぞれと信頼関係を結ぶことが大切です。

4 自分自身の保育を振り返り、ステップアップする

自分の保育を振り返ることで問題点を改善でき、保育力アップにつなげます。計画に沿って保育は進められたか、環境構成や保護者対応は適切だったか、自分の得意ジャンルを保育に生かせたかを見つめなおしてみましょう。

信頼関係が
大切だワン

Part **2**

保護者対応

保護者と
信頼関係を
深めよう

連絡帳を
極めよう

言いかえ
フレーズ

保護者と信頼関係を深めよう

保護者とのコミュニケーションは、保育に欠かせないもの。保護者とよりよい信頼関係を築くためのヒントを見てみましょう。

保護者とのよいコミュニケーションがよりよい保育につながる

　保育者の仕事は、子どもを保育するだけではなく、保護者の育児をサポートすることも含まれます。保育者も保護者も、それぞれが子どものよりよい成長を願い、その成長を共に喜び合える関係でありたいものです。

　保護者と信頼関係を築くためにも、登・降園時の受け渡し時の会話、連絡帳のやりとりは大切です。よいコミュニケーションは、必ずよい保育につながります。子どものためにも、気持ちのよい保護者対応を心がけましょう。

毎日の登・降園時
手短な会話で関わって

今日もお願いします

おはようございます！

連絡帳で
具体的な成長記録を

今日は積み木であそんだんだね

うん！

園行事で
成長がわかる構成で

そうなんだ

たくさん絵の具で描いたんだよね

面談で
気持ちに寄り添って

最近のけんちゃんは…

家でも…

基本をおさえて

保護者も子どもも、保育者をよく見ています。保育者の基本をおさえておきましょう。

① いつも笑顔で

　温かく、親しみのわく笑顔が◎。鏡を見ながら笑顔を練習し、普段から笑顔を意識して。口角を上げ、ニッコリと！

② ていねいな言葉づかい

　保護者が年下の場合も、ていねいな言葉づかいを。敬語や謙譲語を正しく使いましょう。挨拶はいつでも自分から！

③ みんなに公平に

　どの保護者にも平等に、同じような対応を心がけましょう。話しやすい人とばかり話すのはNGです。

大切にしたい**5**つのこと

1歳児の保護者対応で、気をつけたい5つのことを挙げました。自分の保育に生かせることはないかチェックしてみましょう。

1 子どもの成長を共に喜んで

保護者の一番の願いは、わが子の健やかな成長です。それは保育者にとっても同じ。保育のプロとしてその子の成長を喜び、よりよい環境を整え、次にどう援助していけばよいのかを、共に考えられる関係を目指しましょう。

やったね!!

2 子ども理解で保護者理解を

親子を理解する

保育のなかで「この子はこういうことが好きなんだ」「おうちでは〇〇なんだ」と、"子ども理解"を深めていることでしょう。子どもは親を映す鏡です。子どもを理解すればするほど、保護者のこと、その家庭のことも理解できるようになります。

3 保護者も育児ビギナー

まだまだビギナー！
ペタ

1歳児クラスの保護者は第1子であれば育児が始まったばかり。「親であれば〜〜であるべき」といった先入観は捨て、保護者をサポートする気持ちで接しましょう。持ち物や園のシステムについても、わかりやすく伝えます。

5 困ったときは一人で抱えない

保護者にもいろいろな人がいます。深刻な相談、感情的なクレームを受けたときは一人で抱えこまずに、必ず主任や園長に相談を。保護者が何に困っているのかを捉え、園として対応するようにしましょう。

4 憶測ではなく事実で話そう

ケガやケンカなど、マイナスイメージの事柄を保護者に伝える際は、あったことの事実を簡潔にまとめて伝えましょう。「〜〜だったかもしれない」「たぶん〇〇です」と憶測で話すと誤解を招くため、厳禁です。

理路整然

今日10時半ごろにお部屋でお友達とぶつかって頭部にたんこぶができましたのですぐに冷やしました。

園長先生、聞いてください
どうしたの

連絡帳を極めよう

連絡帳は、保護者とのコミュニケーションツール。その日のその子の情報を、臨場感をもって伝えましょう。

連絡帳は子どもの成長を共有・共感するためのツール！

　毎日の連絡帳は、その子の育ちや当日あったことを保護者と保育者が共有するためのものです。保育者として、プロの目線で子どもを肯定的に見つめることで、連絡帳の意義も深まります。

　連絡帳の書き方は家庭によってもさまざまです。園からの毎日の記述はていねいに、子どものようすがリアルに伝わるような書き方を心がけましょう。

保護者から見た連絡帳への思い

＊ 毎日の子どもの変化、成長に気づけて嬉しい

＊ 園でどんなふうに過ごしたか知りたい

＊ 先生の子どもへの思いも伝わってくる

＊ 話しづらいことも文字なら書ける

＊ 他の子と同じような内容はガッカリ

連絡帳のオキテ

連絡帳は文字として記録が残り、何度も繰り返し読まれるものです。オキテを守り、保護者が読んで誤解を招かない表現を心がけましょう。

ていねいな文字・文体

　書き文字にはよくも悪くも人柄が表れます。文字に自信がなくてもていねいに書き、柔らかい文体を心がけましょう。

字は苦手でもていねいに！

臨場感のある書き方

　その子の今日あったことを肯定的に捉え、わかりやすく臨場感をもって伝えましょう。セリフを交えるのもおすすめです。

かわいかったなぁ♥

ちょうちょ、ひらひら

直接話すべきことは話す

　ケガやケンカなどあまりうれしくない事柄は読み違えや誤解がないよう、連絡帳に書かず、直接口頭で伝えるようにしましょう。

実は…

そんなことが…

保護者より

夜、なかなか寝てくれず困っています

〇〇組に進級してから、夜寝るのが遅くなりました。夜9時には布団に入れて寝かそうと思っているのですが、寝つくまで1時間近くかかります。休日は、お昼寝をしないため、早く寝るのですが…。やはり、保育園で午睡をしているせいで、夜なかなか寝つけないのではないでしょうか？

保護者の **キモチ**

生活リズムが整わないことに不満を感じているよう。寝かしつけに時間がかかり、家事が思うようにできない苛立ちがあるのかも。

保護者の **キモチ**

休みの日は昼寝をしなくても元気に過ごしているため、保育園の午睡が寝つけない原因ではないかと考えているよう。

いっしょに生活リズムを見直していきましょう

保育者からの返事

 書き出しの**コツ**

まずは知らせてくれたことに感謝しましょう。寝つきの悪いことに困っている保護者の気持ちに寄り添い、受け止めながら、保育園での子どもの姿を率直に伝えます。

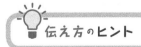 伝え方の**ヒント**

この年齢の子どもにとって午睡は必要なものであることを伝え、家庭と連携をとりながら、生活リズムをいっしょに見直し、改善していきたい姿勢を示します。

そうだったのですね。お知らせいただいてありがとうございます。午前中あくびをすることもあるのは、寝るのが遅くなったからかもしれませんね。ただ、日中の疲れをとり、成長ホルモンの分泌を促す点からも午睡は必要と考えます。短い時間でもよいので、しっかりと午睡をとりたいです。園を含めたA君の1日を見直し、生活リズムを改善することで夜の寝つきがよくなるかもしれません。いっしょに考えていきましょう。

発達

保護者より

なかなか言葉が出ず、
心配しています

保育者からの返事

園でも喃語で思いを
伝えようとしています

　2歳を過ぎたのに、なかなか言葉が出ません。イヌを見て「アーアー」「ウーウー」と声を出していて、本人は「ワンワン」と言っているようですが、いつまでも言葉になりません。早く「パパ」「ママ」と言うのを聞きたいです。

保護者のキモチ

　喃語（なんご）は出るのに、そのあとの言葉が出なくて焦っているよう。発達に問題があるのではと心配する気持ちも。

　園でも「アー」と「ウー」を盛んに発し、思いを伝えています。その時々で何を伝えようとしているのかを察し、「おはな、きれいね」「くるま、行ったね」と、ていねいに返すようにしています。言葉は個人差が大きいですが、そのような姿がどんどん増えてきているので、間もなく言葉が聞けると思います。楽しみですね！

書き出しのコツ

　現在の姿から考えられる発達の見通しを伝えてみましょう。察して言葉で返すなど、今大人側ができることを伝えて、いっしょにようすを見ていく姿勢を示します。

発達

保護者より

うちの子はお友達と
あそべていますか？

保育者からの返事

今は一人であそび込む
大切な時期です！

　お迎えに行くといつも一人であそんでいるか、先生のひざの上にのってあそんでいるようです。せっかく園に入ったのだから、お友達とたくさんあそんでほしいと思っているのですが…。うちの子はお友達とあそべていますか？

保護者のキモチ

　入園後、友達と仲よくあそぶ姿や成長を期待していたのに、思うような姿が見られず不安が募っているようです。

　今日は大好きな電車であそびました。積み木を並べて、線路に見立てていましたよ。大人からすると「お友達とあそんだほうが楽しいのに」と思われるかもしれませんが、子どもにとっては、一人あそびを十分に楽しむ経験もとても大事です。言葉の発達とともに、少しずつお友達とあそぶのも楽しめるようになると思います。

伝え方のヒント

　今のあそびの姿を肯定的に伝え、一人あそびの必要性を伝えます。あそびの姿には段階があることを知らせ、機会を見つけて直接話し合う機会をもちましょう。

体調

保護者より

朝、おなかが痛いと言って泣きます

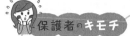
保護者の**キモチ**

この頃、朝、園に行こうとするとおなかが痛いと言って泣きます。熱もなく、食欲もあるのですが…。トイレに行こうと誘っても「出ない」と言います。念のため、週末に小児科で診てもらおうとは思うのですが、園に行くのを嫌になるようなことがあったのでしょうか？　ちなみに今朝もまた、おなかが痛いと泣いていますが、なんとか向かいます。

保護者の**キモチ**

腹痛の原因がわからず不安に思っています。熱もなく食欲もあるので、病気ではなさそうなのにと心配する気持ちもあります。

保護者の**キモチ**

念のため受診はするが、園で何か嫌なことがあったのかもしれない、知っていることがあれば教えてほしいと思っています。

元気にあそべていますが、原因をいっしょに探していければと思います

保育者からの返事

書き出しのコツ

園で元気にあそんでいるようすを具体的に伝え、安心を促します。その中で泣いたことなども率直に知らせ、A君にあった出来事を共有していくことで、保護者の不安も軽くなります。

伝え方のヒント

クラス担任の間でも情報交換し、原因を探りながら、楽しく園で過ごせるよう配慮していく姿勢を伝えます。また、保護者ともいっしょに考えていくことへの理解を求めます。

受診の結果、なんでもなければよいですが、毎日のこととなれば心配ですよね。今日は保育者といっしょにままごとあそびを楽しんでいましたが、A君が作ったごはんをお友達が取ってしまい、泣いてしまいました。このように、思い通りにならない場面も1日の中で何度かあります。そうしたことも関係しているのかもしれません。原因を担任間でも話し合ってみます。今後も園と家庭で情報交換をしていければと思います。

体調

保護者より

熱が下がったと思ったら次は咳…。病気ばかりです

保育者からの返事

今は病気をもらいやすいですが、少しずつ丈夫になってきますよ

入園してから病気ばかりしています。先週も熱が出て早めにお迎えに行ったのですが、今度は咳で受診。次から次へと病気になり、最近病院にばかり行っています。体調が悪いと家でも機嫌が悪いので大変です。

先週は早くお迎えに来ていただいてありがとうございました。お仕事に復帰したばかりで、落ち着かない毎日だと思います。A君は入園してたくさんの人と接し、病気は心配ですが、抵抗力もつけているところです。少しずつですが、たくましくなるはずです。「病気ばかりしていたのよ」と懐かしく思う日が必ず来ると思います。

保護者のキモチ

子どもの健康に対する不安を抱え、仕事を早退したり休んだりしなければならず、思い通りにいかない焦りも。

書き出しのコツ

園からの呼び出しに応じてくれたことに感謝し、仕事に対する焦りや不安に寄り添います。徐々に丈夫になっていく期待を感じてもらえるような言葉を。

食事

保護者より

食べ物の好き嫌いが多くて気になります

保育者からの返事

今は楽しく食べることも大切。ゆっくり声をかけていきます

昨日、給食のサンプルケースの前を通ったときに、「これ(ハンバーグ)おいしかった」と教えてくれましたが、「野菜は?」と聞くと、「きらい」と即答です。最近好き嫌いが多くなったようで、今後食べられるようになるかと心配です。

給食が大好きでいつも待ちきれないようすのA君ですが、やはり野菜はほぼすべて、口をつけることがありません。今は「楽しく食べる」ことを大切にし、強く勧めていませんが、少しずつ「ひと口だけ食べてみよう」と伝えていきたいと思います。その姿が見られたらお知らせしますので、A君を交えていっしょに喜びましょう!

保護者のキモチ

バランスよく食べてほしいのに、よく食べるものと、全く食べないものとの差が激しく、今後を心配しています。

伝え方のヒント

好き嫌いがあっても意欲的に食事に向かう姿を伝え、安心してもらいましょう。大好きな母親が喜ぶ姿は、子どもにとってもうれしいこと。そのためにも情報の共有の大切さを伝えます。

食事

小食だけど、大丈夫でしょうか？

いつもありがとうございます。毎日ノートで子どものようすを教えていただいているので、安心しています。何より、病気もせずに元気に通ってくれるのが親としてはうれしいです。ただ、小食なので困っています。お姉ちゃんは同じ時期にもっと食べていたように記憶しているのですが…。

保護者の キモチ

毎日元気に過ごせていることの安堵感を抱いています。保育者に対して、いつもよく子どものことを見てくれて感謝しているようです。

保護者の キモチ

同じ月齢のときの姉と比較して心配しているよう。食が細いことで体の成長にも影響があるのではと、不安な気持ちも。

Part **2**

保護者対応

連絡帳を極めよう

確かに小食ですが、食べる意欲はあります

保育者からの返事

書き出しのコツ

まずは保護者の思いを受け止めつつ、子どもの普段のようすや給食時の食に対する姿を正直に書きます。

伝え方のヒント

もし心配ならば、園の健診などで医者の意見を聞いてみることも可能と伝え、いっしょに原因を考えていく姿勢を示します。

こちらこそいつもありがとうございます。本当にAちゃんはいつも元気で、パワーがみなぎっている感じがします。給食のようすをみても、確かに小食だと思いますが食べる意欲はありますし、必要な分は摂取できているのではないでしょうか。健診などでのお医者さんの意見を聞いてみたり、排便のようす、体重の増加、そしておやつの量など、多方面から見たりしながら、いっしょに考えていければと思います。

食事

保護者より
スープにすると
野菜が食べられました

保育者からの返事
それはよかったです！
給食でも野菜を食べました

いつも食事のときに野菜を残していたA。でも、週末スープにしてみたら、食べてくれました！　翌日には味噌汁に入っている野菜も食べてくれました。自信がついたみたいです。料理の仕方をもっと工夫すればよかったと今更ながら反省です。

頑固な野菜嫌いに光が見えましたね！　園でも今日は味噌汁の野菜をきれいに食べ、空のお椀をうれしそうに見せくれました。「ママに教えてあげようね」と言うと、その言葉がさらにうれしかったようで、ニコニコしていました。またようすを教えてくださいね。

保護者のキモチ

苦手としていた野菜が食べられたことのうれしさを保育者と共有したいようです。

書き出しのコツ

苦手な物を克服できた喜びを分かち合います。これからも家庭といっしょに、子どもの成長を応援する姿勢を示しましょう。

成長

保護者より
いとことあそんで、
言葉がよく出るようになりました

保育者からの返事
すてきな存在がいて
よい環境ですね!

3歳4か月のいとこがいるのですが、Bと気が合うようで、いっしょにあそぶと他愛のないことでよく笑い、夢中になって食事の時間も忘れるほどです。何より言葉がよく出てくるようになりました。兄弟のようで、うれしい限りです。

そうなのですね、本当のお兄ちゃんのような存在なのですね。B君にとっては、あそびの先輩かな？　食事を忘れるほどあそび込めるのは幸せだと思います。お兄ちゃんとのやりとりの中で自然に言葉も覚えますよね。今度、どんなあそびに夢中になっているのか教えてください。

保護者のキモチ

近くに子どものあそび相手がいることの安心感や、よい刺激になっていることを喜んでいます。

伝え方のヒント

保護者のうれしい気持ちを受け止め、年上の子とのあそびが、子どもの成長につながり、よい経験となっていることに共感を示します。

成長 （保護者より）

ようやく2歳になり、ほっとしました!

先週末、C子の誕生会をしました。実家からおじいちゃんとおばあちゃんも来てくれて、にぎやかに過ごしました。本人はケーキとおじいちゃんたちにもらったプレゼントの人形に夢中でしたが、大人たちは、ようやく2歳になったねと安堵感満載でした。早く大きくなってほしいやら、大きくなってほしくないやら複雑な気持ちではありますが、とにかく、誕生日おめでとう!

保護者のキモチ

2歳の誕生日を無事に迎えられ、家族みんなでお祝いできたことをうれしく思い、楽しい週末を過ごしたようです。

保護者のキモチ

娘の成長を頼もしく感じ、また大きくなってしまう寂しさもあるよう。複雑な思いとうれしい気持ちが入り混じっています。

お誕生日おめでとうございます!
楽しいお誕生会でしたね

（保育者からの返事）

書き出しのコツ

まずはお祝いの気持ちを表します。園でお誕生会などを行った場合は、そのときのエピソード、話していたことなどを具体的に記すと喜ばれます。

伝え方のヒント

子どもの成長はうれしいけれど、まだまだかわいい姿を見せてほしい、少し寂しいという保護者の気持ちを理解し、寄り添うような言葉を伝えましょう。

お誕生日、おめでとうございます。今日は、"おたんじょうびさんバッチ"をつけました。みんなから「おたんじょうびおめでとう」と言われると、うれし恥ずかしの表情を見せていました。私たちも、「ついこの間まではいはいをしていたのに、もう2歳!?」と驚いています。これからおしゃべりも上手になって、ますますかわいい姿を見せてくれるでしょう。楽しみですね。おめでとうございます。

成長

保護者より

お友達とあそぶ姿が
見られてうれしいです

保育者からの返事

お友達はよいものですね。
これからもたくさんあそびましょう!

お迎えに行くと、一人でいることが多かったDですが、最近になってお友達といっしょにいる姿をよく見ます。今日はままごとらしいことをしていました。そのような姿を見るのはとてもうれしく、入園してよかったなあと思います。

ありがとうございます。そう言っていただけると私たちもとてもうれしいです。集団生活のよいところはなんといってもお友達の存在です。ケンカももちろんありますが、友達とのいろいろな関わりから学ぶこともたくさんあります。これからも、D君の成長を見守っていきたいと思います。またうれしい報告、待っていますね。

保護者のキモチ

今まで一人あそびが多かったので、友達といっしょにあそぶ姿を見ることができて安心しています。

✏ 書き出しのコツ

保護者からのうれしい言葉に感謝を述べ、集団生活の利点を伝えましょう。今後も子育てを応援していく姿勢を示し、安心感をもってもらえるようにします。

無関心

保護者より

今日も元気です!

保育者からの返事

今度、おうちでどんなあそびをしたのか、教えてくださいね

今日もいつもと変わらず元気です。よろしくお願いします。

今日は牛乳パックで作ったいすを並べて、電車ごっこをしていました。たくさん並べたいすに人形を座らせると、「パパとママと電車に乗ったの」と教えてくれました。A君の電車好きはパパゆずりなのかな? おうちでの生活やあそびを園で再現することがよくあります。ぜひおうちでのようすをお知らせください。

保護者のキモチ

仕事と家事、育児の両立で毎日慌ただしく、細かく記入する時間がない可能性も。連絡帳を面倒に感じているよう。

💡 伝え方のヒント

園での子どものようすを具体的に書き、つながりを感じてもらえそうな場面を伝えます。間接的に「おうちでのようす」を聞き、会話のきっかけにしても。

園でのケガ

保護者より

お友達にかまれたところが、アザになっています

Eの口からお友達の名前が聞かれるようになり、うれしく思っていたところ、昨日、お部屋であそんでいるときにお友達にうでをかまれてしまったと先生から報告をいただきました。初めてのことでショックでしたが、うちの子もお友達にしないかと心配にもなりました。夜、お風呂で確認したら、かまれた跡がアザになっていました。ようすを見てください。

保護者の**キモチ**

ケガにショックを受けていますが、自分の子どもも友達に同じようなことをしてしまうのではないかと不安な気持ちも。

保護者の**キモチ**

アザになるほどのかみつきに驚きつつ、ケガの状態が気になっているよう。しっかりと見守ってほしい気持ちがにじんでいます。

うでのケガ、大変申し訳ございませんでした

保育者からの返事

書き出しの**コツ**

前の日に口頭で謝っていますが、改めて謝罪をします。また、園の看護師が見て対応していること、またアザについての見識があることも伝え、アザが消えるのかという不安に寄り添いましょう。

伝え方の**ヒント**

クラス担任だけではなく、園全体でかみつきへの対応を考えていくことを伝えます。未然に防げなかったことは園の責任であることを伝え、見守りも強化していく姿勢を見せましょう。

アザになってしまったこと、本当に申し訳ございません。かまれた箇所はすぐに保冷剤をあてて冷やしましたが、園の看護師に確認したところ、どうしてもアザにはなってしまいますが、1週間ほどで消えるとのことでした。Eくんは特に気にしているようすはありませんでしたが、着替えのときにうでの状態を何度か確認させていただきました。未然に防げるよう、職員間でも今一度話し合ってまいります。

園からの連絡

園でのケガ

すべり台で、すり傷ができました

靴を履いての歩行が安定し、行動範囲がどんどん広がってきたAくん。好奇心も旺盛で、園庭でも探索活動をさかんにしています。今日は、小さなすべり台に挑戦しましたが、降りるところでバランスを崩して、前のめりに転んであごをぶつけ、すり傷をつくってしまいました。支えることができず、申し訳ありませんでした。泣いてしまいましたが、すぐに泣き止み、再び挑戦していました。転んだことでスピードやバランスを考えるようすも見られ、成長を感じました。

その後のフォロー

お迎えや次の日以降にも直接保護者に声をかけ、謝罪の言葉を伝え、その後のケガのようすを伺うようにしましょう。

書き出しのコツ

ケガをしてしまった経緯を保護者に知ってもらうために、日中どのように過ごしたか、どのような計画だったかを具体的に書きます。

伝え方のヒント

子どものケガは連絡帳だけではなく、お迎えのときに必ず保護者に直接口頭で正確に伝え、誠意をもって謝罪するようにします。その後のようすも詳細に伝えます。

園からの連絡

準備のお願い

来週の遠足のお知らせです

今日は、バスごっこや遠足ごっこをしてあそびました。Aくんは来週の遠足をイメージして、とても楽しみにしているようです。来週の〇月〇日△曜日の遠足について、先日お渡ししたお知らせをよくお読みいただいて、持ち物などのご準備をお願いします。給食はありませんので、お手数をおかけしますが、お弁当の方もよろしくお願いします。お天気になるとよいですね。

その後のフォロー

特別な持ち物があるときは、前日ではなく前週くらいから口頭で話題に出すなど、さりげない配慮を心がけましょう。

書き出しのコツ

普段から忘れ物が多い保護者へは、子どもが行事を楽しみにしていることを伝え、準備に意識を向けてもらうようにします。

伝え方のヒント

すべて連絡帳で伝えるのではなく、「お知らせ」や「ご案内」などのプリントを読んで確認する習慣がつくように促します。

園からの連絡

午睡できなかった

ぐずってしまい午睡ができていません

朝から雨が降っていたので、廊下で乗り物あそびをしました。トンネルくぐりやかくれんぼをしながら楽しそうにあそんでいました。しかし、給食の時間になって、苦手な野菜に気づいたとたん食欲がなくなり、「ママー、ママー」とぐずりだしました。午睡の時間まで泣き続け、落ち着かせようと試みましたが、結局午睡はできませんでした。抱っこのまま30分程度休息をとり、午後は元気に過ごしています。特にお熱を出すようすはありませんが、夜は早めにお布団に入れるといいですね。

伝え方のヒント

対応はしたけれど、午睡ができなかったことを記しましょう。ときには子どもの気持ちが荒れてしまうこともあることを、お迎え時に付け加えると保護者も安心します。

伝え方のヒント

午睡はできなかったけれど、その後は落ち着いて過ごせたことがわかります。病気のサインでない場合は、シンプルに伝えて。

その後のフォロー

翌日の登園の際には、体調の変化がないかを保護者に聞き、降園時にはその日の午睡のようすを伝えましょう。

園からの連絡

貸出物返却のお願い

園でお貸ししたズボンの返却をお願いします

今日はテラスで水あそびをしました。保育者が準備した色水や氷を見て大喜びのAくん。頭からびしょ濡れになり、「お部屋に戻りたくない」というくらい楽しんでいました。そのあと、給食を食べて、約2時間ぐっすり寝ています。

あそびの内容によっては、頻繁に着替えをしていきますので、着替えの補充をお願いします。また、先日お貸ししたズボンのご返却をお願いします（ピンク地に花柄のものです）。

書き出しのコツ

着替えが必要なあそびや、子どもが思いきり楽しんだことを書き、補充への意識を向けてもらいます。

伝え方のヒント

着替えの補充をお願いしつつ、貸し出した洋服の色や模様などを具体的に書くと、思い出してもらえるきっかけに。

その後のフォロー

忘れっぽく、ルーズな保護者も多いものですが、園のルールに協力してもらった際は、心から感謝を伝えましょう。

マイナス表現 ➡ プラス表現に！

ポジティブ 言いかえフレーズ

特に子どもに関する表現に、マイナス印象の言葉はNG。ポジティブに捉えられる言葉で言いかえ、うまく伝えましょう。

✕（マイナス表現）	○（プラス表現）	ポイント
○○ができない	➡ ○○が苦手	「できる・できない」という視点で子どもを見守るのはよくありません。できないことも「〜が苦手なよう」と捉えると前向きに。
一人で過ごすことが多い	➡ 一人の時間を過ごすのが上手 自分の世界をつくるのが上手	特に乳児期は一人であそび込む力が養われる時期。保護者は友達との関係を気にしがちですが、その集中力に注目しましょう。
ケンカが多い	➡ 自己主張ができる	暴力はいけませんが、ケンカが多いということは自分の意見があり、それを相手に訴える力がある、とも言えます。
落ちつきがない	➡ 行動的・好奇心旺盛	ほかのことに気が散ってしまうのは、好奇心が旺盛な証拠。いろいろな物に興味をもつ一面をよい方向に育てたいですね。
飽きっぽい	➡ 切り替えが早い 好奇心旺盛	飽きっぽい子は、逆に言えばいろいろなことに興味をもちやすいということ。さまざまな経験を積み重ねる力が養われます。
いい加減・雑	➡ おおらか	行動が雑な子は、杓子定規ではない、自然体で小さなことに捉われないよさがあります。その面も見つめてみましょう。
泣き虫	➡ 素直に感情を表せる	集団生活のなかで、自分の感情を表せることは、園が緊張のいらない、素直に感情を表せる場になっていると言えます。
行動が遅い	➡ マイペース	人に左右されず、自分の気持ちをもっている強い子ということ。その子なりの歩み方を認め、見守っていきましょう。
乱暴	➡ 元気があり、力が余っている エネルギッシュ	物を壊したり、相手にケガをさせたりがないように見守りながら、その元気をよい方向に伸ばせるよう援助を考えましょう。
わがまま	➡ はっきりしている 自己主張ができる	先々のことを見通して考える力があり、自分の思いをはっきりと主張することもできます。この能力を違う形で発揮できるような配慮を。
こだわりが強い	➡ 意志が強い	こだわりの強さは、意志の強さでもあり頼もしい一面でもあります。自我の芽生えにおおらかに向き合いましょう。

しっかり
押さえよう！

Part ③

指導計画

年間指導
計画

個人案

事故防止
チェック
リスト

1歳児の 年間指導計画

おさえたい **3** つのポイント

いろいろなことに興味をもち、周りを知っていく時期です。自発性を重んじ、あまり禁止することのない生活を目指しましょう。

1 応答的な関係を大切に

特定の保育者との絆を基盤に、自分が泣いたら助けてくれる、自分がニコッとしたら微笑み返してくれるという、信頼関係を育むことが重要です。十分に愛情を注いでもらうことで、子どもたちは前向きに生きるエネルギーを蓄えるのです。指導計画の中にも位置付けていきましょう。

2 自我の芽生えを大切に育む

「いや!」「自分で!」と、子どもが自己を主張する時期です。これは順調な発達の姿ですから、喜びをもって受け止め、保護者にも対処の仕方を伝えていきましょう。何かをさせようとするとスムーズにはいかないので、上手にほめながら満足感を味わえるようにして導きます。

3 好奇心は世界を広げる第一歩

身の回りの様々な物に興味をもち、引っ張ったり、口に入れたりします。探索期ともいわれ、散歩に出かけると道草だらけでなかなか進みません。一つ一つの物を自分で五感を通して味わい知っていく時期なので、危険がないようにその時間と場を保障する必要があります。

		1期（4～6月）	2期（7～9月）
子どもの姿		●園生活に慣れ、生活リズムが安定する。 ●手づかみやスプーンで食べる。 ●遊びは保育者に見守られて一人で探索をして楽しむ姿がある。	●暑さで食事が進まない子もいる。 ●友達との関わりが増えて同じことをして遊ぶトラブルも多い。 ●身の回りのことに興味をもち始める。
ねらい		●新しい環境に慣れ、安心して園で過ごす。 ●保育者に見守られながら、好きな遊びを楽しむ。	●自分でしようとする気持ちを大切にしながら。す。 ●夏の遊びを十分に楽しむ。
内容	養護	●健康状態に配慮され、異常がある場合は適切な対応を受ける。 ●気持ちや欲求を十分に満たされながら、信頼関係を築く。	●夏の健康を十分に配慮され、水分補給や休息を取り入れながら快適に過ごす。
	教育	●落ち着いた雰囲気の中で、安心して眠る。[健康] ●オムツ替えや着替えをして、心地よさを味わう。[健康] ●保育者や友達と一緒にいる中で、親しみや安心感を得る。[人間] ●戸外遊びを十分に楽しむ。[健康][環境] ●草花に興味をもち、見たり触れたりする。[環境]	●オムツが汚れていたら、しぐさや簡単な言葉らせる。[健康][言葉] ●衣服や靴の着脱に興味をもつ。[健康] ●保育者に仲立ちしてもらいながら、友達と遊びを楽しむ。[人間] ●シャワーや水遊び、泥んこ遊びを楽しむ。[環境]
環境構成		●一人一人が落ち着いて遊べる環境や成長に合わせたコーナーづくりを心がけ、玩具をそろえる。 ●戸外へ関心が向くように、チューリップやキンギョソウが咲いているプランターをテラスに置く。	●自分でパンツやズボンをはけるように、牛乳パでつくった低いベンチをトイレの前に置く。 ●安全で楽しい水・泥んこ遊びができるようにを用意し、場所を確保して環境を整える。
保育者の援助		●子どもが戸惑わないように、保育者がそれぞれの役割をきちんと把握し、状況に応じた動きを落ち着いて行う。	●言葉を受け止め、自分から保育者に話したいちを大切にする。 ●必要以上に水がかかったり、泥が口に入ったいように見守る。

保育者の援助

「ねらい」を達成するために「内容」を経験させる際、どのような援助を行ったらよいのかを考えて記載します。

年間目標

園の方針を基に、一年間を通して、子どもの成長と発達を見通した全体的な目標を記載します。

♣

- 保育者に見守られながら過ごす中で、安心して自分の気持ちを表す。
- 自分からやりたいという気持ちや好奇心が芽生える。
- 安全な環境の中で、全身を使った遊びや探索活動を十分に行う。

子どもの姿

1～4期に分けて、予想される子どもの発達の状況や、園で表れると思う姿を書きます。保育者が設定した環境の中での活動も予測します。

3期（10～12月）	4期（1～3月）
● 気温差で体調を崩す子がいる。 ● 活発に体を動かして遊ぶことを好む。 ● 声かけにより、トイレに行き自分で身の回りのことをしようとしたりする。	● 言葉のやり取りを楽しみ、思いを伝えられるようになる。 ● 友達とごっこ遊びを楽しむ。積極的に身の回りのことを行う。
● 季節の変化や気温差に留意されて、健康で快適に過ごす。 ● 体を動かすことを楽しむ。	● 気持ちが満たされ、安定した生活を送る。 ● 保育者や友達と関わる中で、自分の気持ちを表現する。
● 季節の変わり目による体調の変化に十分に注意されながら、健康でゆったりと過ごす。	● 体調に留意されながら、寒い時期を健康に過ごす。
● トイレに行き、便座に座ることに慣れる。 ● 保育者に仲立ちしてもらいながら、友達と同じ遊びを楽しむ。 ● 歩く、走る、跳ぶなど、全身を動かすことを楽しむ。 ● 保育者の語りかけを喜び、模倣することを楽しむ。	● 言葉をかけられて、トイレに行き、保育者が見守る中で便器に座り、排泄する。 ● 簡単な身の回りのことを自分でしようとする。 ● 同じ遊びを通して友達と関わる。
● トイレに行くことが楽しくなるような絵をはり、便座に座ったときにおしりが冷たくないように便座にカバーをかけるなど、トイレの環境を工夫する。 ● 全身運動に適した玩具や、くり返しの言葉が楽しい絵本などを用意する。	● ズボンの着脱がしやすいように台を置いたり、適切なトイレットペーパーの長さが分かるような絵をはったりして、トイレで排泄しやすい環境をつくる。 ● 同じ遊具を複数準備し、友達のまねをしながら一緒に遊べるような空間をつくる。
● 自分でしようとする気持ちを大切にして、達成感を味わえるように手伝う。 ● 一緒に歌を歌ったり、体操をしたりして楽しさを共有する。	● 一人一人の気持ちを受け止め、安心して自己主張ができるようにする。 ● 子どもの言葉に耳を傾け、分かりやすい丁寧な言葉を返して共感する。

ねらい

「年間目標」を期ごとに具体化したものです。育みたい資質・能力を乳児の生活する姿からとらえます。園生活を通じ、様々な体験を積み重ねるなかで相互に関連をもちながら、次第に達成に向かいます。

環境構成

「ねらい」を達成するために「内容」を経験させる際、どのような環境を構成したらよいのかを考えて記載します。

内容

「ねらい」を達成するために「経験させたいこと」です。保育所保育指針の「1歳以上3歳未満児」の5領域を意識して記述します。
本書では 健康 人間 環境 言葉 表現 で表示します。

年間指導計画

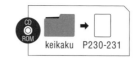

CD ROM keikaku P230-231

		1期（4〜6月）	2期（7〜9月）
子どもの姿		●園生活に慣れ、生活リズムが安定する。 ●手づかみやスプーンで食べる。 ●遊びは保育者に見守られて一人で探索をして楽しむ姿がある。	●暑さで食事が進まない子もいる。 ●友達との関わりが増えて同じことをして遊ぶが、トラブルも多い。 ●身の回りのことに興味をもち始める。
◆ねらい		●新しい環境に慣れ、安心して園で過ごす。 ●保育者に見守られながら、好きな遊びを楽しむ。	●自分でしようとする気持ちを大切にしながら過ごす。 ●夏の遊びを十分に楽しむ。
★内容	**養護**	●健康状態に配慮され、異常がある場合は適切な対応を受ける。 ●気持ちや欲求を十分に満たされながら、信頼関係を築く。	●夏の健康を十分に配慮され、水分補給や休息などを取り入れながら快適に過ごす。
	教育	●落ち着いた雰囲気の中で、安心して眠る。 健康 ●オムツ替えや着替えをして、心地よさを味わう。 健康 ●保育者や友達と一緒にいる中で、親しみや安心感を得る。 人間 ●戸外遊びを十分に楽しむ。 健康 環境 ●草花に興味をもち、見たり触れたりする。 環境	●オムツが汚れていたら、しぐさや簡単な言葉で知らせる。 健康 言葉 ●衣服や靴の着脱に興味をもつ。 健康 ●保育者に仲立ちしてもらいながら、友達と同じ遊びを楽しむ。 人間 ●シャワーや水遊び、泥んこ遊びを楽しむ。 環境 表現
環境構成		●一人一人が落ち着いて遊べる環境や成長に合わせたコーナーづくりを心がけ、玩具をそろえる。 ●戸外へ関心が向くように、チューリップやキンギョソウが咲いているプランターをテラスに置く。	●自分でパンツやズボンをはけるように、牛乳パックでつくった低いベンチをトイレの前に置く。 ●安全で楽しい水・泥んこ遊びができるように玩具を用意し、場所を確保して環境を整える。
保育者の援助		●子どもが戸惑わないように、保育者がそれぞれの役割をきちんと把握し、状況に応じた動きを落ち着いて行う。	●言葉を受け止め、自分から保育者に話したい気持ちを大切にする。 ●必要以上に水がかかったり、泥が口に入ったりしないように見守る。

「5領域」の 健康：健康 人間：人間関係 環境：環境 言葉：言葉 表現：表現 を表しています。

♣ 年間目標

● 保育者に見守られながら過ごす中で、安心して自分の気持ちを表す。
● 自分からやりたいという気持ちや好奇心が芽生える。
● 安全な環境の中で、全身を使った遊びや探索活動を十分に行う。

3期（10〜12月）	4期（1〜3月）
● 気温差で体調を崩す子がいる。 ● 活発に体を動かして遊ぶことを好む。 ● 声かけにより、トイレに行き自分で身の回りのことをしようとしたりする。	● 言葉のやり取りを楽しみ、思いを伝えられるようになる。 ● 友達とごっこ遊びを楽しむ。積極的に身の回りのことを行う。
● 季節の変化や気温差に留意されて、健康で快適に過ごす。 ● 体を動かすことを楽しむ。	● 気持ちが満たされ、安定した生活を送る。 ● 保育者や友達と関わる中で、自分の気持ちを表現する。
● 季節の変わり目による体調の変化に十分に注意されながら、健康でゆったりと過ごす。	● 体調に留意されながら、寒い時期を健康に過ごす。
● トイレに行き、便座に座ることに慣れる。　健康 ● 保育者に仲立ちしてもらいながら、友達と同じ遊びを楽しむ。　人間 ● 歩く、走る、跳ぶなど、全身を動かすことを楽しむ。　健康 ● 保育者の語りかけを喜び、模倣することを楽しむ。 　言葉　表現	● 言葉をかけられて、トイレに行き、保育者が見守る中で便器に座り、排泄する。　健康 ● 簡単な身の回りのことを自分でしようとする。　健康 ● 同じ遊びを通して友達と関わる。　人間
● トイレに行くことが楽しくなるような絵をはり、便座に座ったときにおしりが冷たくないように便座にカバーをかけるなど、トイレの環境を工夫する。 ● 全身運動に適した玩具や、くり返しの言葉が楽しい絵本などを用意する。	● ズボンの着脱がしやすいように台を置いたり、適切なトイレットペーパーの長さが分かるような絵をはったりして、トイレで排泄しやすい環境をつくる。 ● 同じ遊具を複数準備し、友達のまねをしながら一緒に遊べるような空間をつくる。
● 自分でしようとする気持ちを大切にして、達成感を味わえるように手伝う。 ● 一緒に歌を歌ったり、体操をしたりして楽しさを共有する。	● 一人一人の気持ちを受け止め、安心して自己主張ができるようにする。 ● 子どもの言葉に耳を傾け、分かりやすい丁寧な言葉を返して共感する。

Part 3 指導計画

年間指導計画

個人案

おさえたい 3 つのポイント

1歳児の個人案は、食事・排泄・歩行面などの個別の課題をとらえて作成します。日々、変化していくので、記録もしっかり取りながら進めていきます。

1 食への意欲と取り組み

離乳食の進み具合や好き嫌い、手づかみ食べの様子など、その子の様子を詳しくとらえながら、援助の作戦を考えます。また、大切なのは自分から食べる意欲を育むことです。認める言葉をかけたり、食べ物をよくかむ手本を見せたりすることで、子どもの意欲を伸ばしましょう。

2 散歩を十分に楽しめるように

ヨチヨチ歩きの子どもも、毎日歩いているうちに、しっかりとした足取りになってきます。晴れた日にはできるだけ戸外に出て道草をたっぷりしながら、いろいろなものに出会う経験を重ねましょう。疲れたら無理に歩かせず、ベビーカーやおんぶなども楽しめるようにします。

3 喃語から片言、二語文へ

機嫌がよいと、いろいろな声を出すことを楽しみます。保育者がにこやかに語りかけていると、まねをして言葉が出てくるでしょう。記録を取りながら、子どもの語彙を増やします。たとえ言葉が出なくても、聞いてため込んでいます。満ちるときを楽しみに語りかけましょう。

	Aちゃん 1歳1か月（女児）	Bちゃん 1歳6か月（女児）
今月初めの子どもの姿	●新しい環境に戸惑うことなく一日を安定して過ごす。 ●歩行が安定してきて、好きなところへ歩いていき探索を楽しんでいるが、転びやすい。	●新しい環境に戸惑うことなく好きな遊びを楽し ●「おいしいね」「きれいだね」などの保育者の語りかけをまねしたり、「取って」「ほしい」など、してほことを片言で伝えようとしたりする姿がある。
ねらい	●探索遊びを十分に楽しむ。	●保育者と簡単な言葉のやり取りを楽しむ。
内容	●保育者に見守られながら、探索遊びを十分に楽しむ。[健康]	●保育者と一緒に遊ぶ中で、簡単な言葉のやり取り楽しむ。[言葉]
保育者の援助	●危険なことが分からず、思いのまま行動しているので、目を離さないように見守りながら探索を楽しめるようにする。また、動きを見てすぐに援助できるようにする。	●ゆっくりとたくさん語りかけ、言葉のやり取りをに楽しみながら、言葉が増えていくようにする。 ●「そうだね、お花きれいだね」など、本児の言っ言葉にひと言添えて答えていく。
評価・反省	●けがなく室内や園庭の探索を十分に楽しむことができたのでよかった。何でも口に入れてしまうので、引き続き見守っていきたい。また、まだ転びやすいので転倒には十分注意しながら、変化のある道などを歩いて、楽しんでいけるようにしたい。	●たくさん語りかけ、共に言葉のやり取りを楽しむができたので、「貸して」「どうぞ」「いらっしゃいせ」など言葉の数も少しずつ増えてきている。続き、やり取りを一緒に楽しみながら発語を促いきたい。

評価・反省

保育者が自分の保育を振り返り、その子が「ねらい」にどこまで到達できたか、これからどのように対応すべきかを書き、来月の個人案に生かします。

のポイント

 Aちゃん
情緒が安定しています。目に入った物に興味をもち、何でも触りたがるので、安全に配慮します。

 Bちゃん
保育者をまねしながら言葉を増やしています。Bちゃんが話してくれて嬉しいと伝えましょう。

Cくん
新入園児なので、まず安心して過ごすことに重点を置きます。好きな遊びも具体的に書きます。

Dくん
言葉で伝える楽しさを味わっています。ひと言添えることで、言葉が増えます。

Cくん 1歳9か月（男児）	**Dくん** 1歳11か月（男児）
◎ 4月に入園（新入園児）。 ◎ 初めは少し不安そうな様子が見られたが、泣くこともなくすぐに園生活に慣れ、ミニカーや人形遊びなど好きな遊びを楽しむ。	◎ 新しい環境になっても安定して過ごす。 ◎「今日はだれときたの?」「パパだよ」などの、簡単な言葉のやり取りができるようになっており、「抱っこして」「これ読んで」など、してほしいことを言葉で伝えようとする。
◎ 新しい環境に慣れる。	◎ 簡単な言葉のやり取りを楽しむ。
◎ 新しい環境に慣れ、好きな遊びを保育者や友達と一緒に楽しむ。[人間/人間]	◎ 保育者と一緒に遊ぶ中で、簡単な言葉のやり取りを楽しむ。[人間]
◎ 不安な様子が見られるときには一対一で過ごし、安心できるようにする。また、保護者から本児の好きな遊びや歌などを聞き、取り入れていく。 ◎ 友達の近くに行き、のぞき込んでいるときには、一緒に遊べるように「一緒に遊ぼうね」と声をかけ、他児との仲立ちをする。	◎ 言葉のやり取りをたくさん経験できるように、本児の言った言葉にひと言添えたり、くり返したりする。 ◎「だれに買ってもらったの?」「何を食べたの?」などの会話を引き出しながら楽しめるようにして、話す意欲を高める。
◎ 不安な様子が見られたときには、一対一で過ごすことで安心し、すぐに園生活に慣れたのでよかった。 ◎ 友達との関わりがもてるように仲立ちをしたことで、一緒に遊ぶ姿が見られるようになった。友達との関わり方をそのつど知らせていきたい。	◎ 本児の語りかけに対し、丁寧にこたえ、やり取りを共に楽しむことができた。引き続き、たくさんのやり取りを経験できるようにし、会話につなげていきたい。

前月末（今月初め）の子どもの姿

前月末の、その子の育ちの姿をとらえます。具体的にどのような場面でその育ちが感じられたのか、発達段階のどこにいるのかを記します。
※4月は「今月初めの子どもの姿」となります。

ねらい

この1か月で育みたい資質・能力を子どもの生活する姿からとらえたものです。園生活を通じ、様々な体験を積み重ねる中で相互に関連をもちながら、次第に達成に向かいます。

内容

「ねらい」を達成するために「経験させたいこと」です。
保育所保育指針の「1歳以上3歳未満児」の5領域を意識して記述します。
本書では[健康][人間][環境][言葉][表現]で表示します。

保育者の援助

「ねらい」を達成するために「内容」を経験させる際、どのような援助が必要かを書き出します。
その子のためだけの援助も書きます。

Part 3

指導計画

個人案の見方

233

4月 個人案

毎日を気持ちよく過ごす工夫を

新入園児も在園児も、歩ける子もはいはいの子も、それぞれの姿でにぎやかにスタートする1歳児クラス。一人一人の健康状態や機嫌に注意を払い、気持ちよく生活するための環境や、子どもの発達や興味を考慮した遊具などを工夫する必要があります。

保護者との信頼関係づくりも初めが肝心。にこやかに、丁寧に、積極的に話しかけましょう。

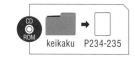

CD ROM　keikaku　→ □　P234-235

	Aちゃん 1歳1か月（女児）	Bちゃん 1歳6か月（女児）
今月初めの子どもの姿	●新しい環境に戸惑うことなく一日を安定して過ごす。 ●歩行が安定してきて、好きなところへ歩いていき探索を楽しんでいるが、転びやすい。	●新しい環境に戸惑うことなく好きな遊びを楽しむ。 ●「おいしいね」「きれいだね」などの保育者の語りかけをまねしたり、「取って」「ほしい」など、してほしいことを片言で伝えようとしたりする姿がある。
ねらい	●探索遊びを十分に楽しむ。	●保育者と簡単な言葉のやり取りを楽しむ。
内容	●保育者に見守られながら、探索遊びを十分に楽しむ。 健康	●保育者と一緒に遊ぶ中で、簡単な言葉のやり取りを楽しむ。 言葉
保育者の援助	●危険なことが分からず、思いのまま行動しているので、目を離さないように見守りながら探索を楽しめるようにする。また、動きを見てすぐに援助できるようにする。	●ゆっくりとたくさん語りかけ、言葉のやり取りを一緒に楽しみながら、言葉が増えていくようにする。 ●「そうだね、お花きれいだね」など、本児の言った言葉にひと言添えて答えていく。
評価・反省	●けがなく室内や園庭の探索を十分に楽しむことができたのでよかった。何でも口に入れてしまうので、引き続き見守っていきたい。また、まだ転びやすいので転倒には十分注意しながら、変化のある道などを歩いて、楽しんでいけるようにしたい。	●たくさん語りかけ、共に言葉のやり取りを楽しむことができたので、「貸して」「どうぞ」「いらっしゃいませ」など言葉の数も少しずつ増えてきている。引き続き、やり取りを一緒に楽しみながら発語を促していきたい。

「5領域」の 健康：健康 人間：人間関係 環境：環境 言葉：言葉 表現：表現 を表しています。

 Aちゃん

情緒が安定していま
す。目に入った物に興
味をもち、何でも触り
たがるので、安全に配
慮します。

 Bちゃん

保育者をまねしなが
ら言葉を増やしていま
す。Bちゃんが話して
くれて嬉しいと伝えま
しょう。

 Cくん

新入園児なので、ま
ず安心して過ごすこと
に重点を置きます。好
きな遊びも具体的に
書きます。

 Dくん

言葉で伝える楽しさ
を味わっています。ひ
と言添えることで、言
葉が増えます。

	Cくん 1歳9か月（男児）	Dくん 1歳11か月（男児）
	●4月に入園（新入園児）。 ●初めは少し不安そうな様子が見られたが、泣くこともなくすぐに園生活に慣れ、ミニカーや人形遊びなど好きな遊びを楽しむ。	●新しい環境になっても安定して過ごす。 ●「今日はだれときたの?」「パパだよ」などの、簡単な言葉のやり取りができるようになっており、「抱っこして」「これ読んで」など、してほしいことを言葉で伝えようとする。
	●新しい環境に慣れる。	●簡単な言葉のやり取りを楽しむ。
	●新しい環境に慣れ、好きな遊びを保育者や友達と一緒に楽しむ。 健康 人間	●保育者と一緒に遊ぶ中で、簡単な言葉のやり取りを楽しむ。 言葉
	●不安な様子が見られるときには一対一で過ごし、安心できるようにする。また、保護者から本児の好きな遊びや歌などを聞き、取り入れていく。 ●友達の近くに行き、のぞき込んでいるときには、一緒に遊べるように「一緒に遊ぼうね」と声をかけ、他児との仲立ちをする。	●言葉のやり取りをたくさん経験できるように、本児の言った言葉にひと言添えたり、くり返したりする。 ●「だれに買ってもらったの?」「何を食べたの?」などの会話を引き出しながら楽しめるようにして、話す意欲を高める。
	●不安な様子が見られたときには、一対一で過ごすことで安心し、すぐに園生活に慣れたのでよかった。 ●友達との関わりがもてるように仲立ちをしたことで、一緒に遊ぶ姿が見られるようになった。友達との関わり方をそのつど知らせていきたい。	●本児の語りかけに対し、丁寧にこたえ、やり取りを共に楽しむことができた。引き続き、たくさんのやり取りを経験できるようにし、会話につなげていきたい。

5月 個人案

散歩が楽しい季節

　風が心地よい季節です。晴れた日は戸外へ行く計画を立てましょう。散歩はゆっくりと余裕をもって計画し、道中も十分に楽しみます。ベビーカーも適宜利用して、無理をさせないようにしましょう。
　また、泣き声は他の園児を不安にさせるので、優しく抱き上げて泣きやむのを待ちますが、長引くようなら廊下に出るなど、他の子どもたちの遊びの雰囲気を壊さないよう配慮しましょう。

CD ROM　keikaku P236-237 → □

	Aちゃん 1歳2か月（女児）	Bちゃん 1歳7か月（女児）
前月末の子どもの姿	●探索を盛んにしており、楽しんでいるが、何でも口に入れようとする。 ●友達の持っている玩具に興味があると突然取ってしまい、トラブルになることがある。	●「どうぞ」「ありがとう」など、保育者と簡単な言葉のやり取りを楽しむ。 ●声かけにより、スプーンやフォークを使おうとするが、ほとんど手づかみで、こぼすこともかなり多い。
ねらい	●探索活動を十分に楽しむ。 ●友達との関わり方を知る。	●保育者と簡単な会話を楽しむ。 ●食具を使って食べる。
内容	●保育者と探索活動を十分に楽しむ。 環境 ●身振りで思いを伝えるなど、友達との関わり方を知る。 人間	●保育者と簡単な言葉のやり取りを楽しみながら、言葉数を増やす。 言葉 ●食具を使って食べようとする。 環境
保育者の援助	●本児の思うように探索活動ができるよう見守りつつ、口に入れてはいけない物などをくり返し伝える。 ●身の回りに、口に入る小さな物は置かないようにする。 ●友達に本児の気持ちを代弁して伝えたり、「貸してってするんだよ」と本児にくり返し伝えたりする。	●たくさん語りかけ、共に言葉のやり取りを楽しみながら発語を促す。 ●スプーンやフォークで食べやすいように大きなおかずを切ったり、そばに付いて時々援助をしたりしながら、自分で食べようとする意欲を尊重して見守る。
評価・反省	●何でも口へ入れてしまうので、口へ入れる前に他の遊びに誘うなど、十分注意しながら探索活動を楽しめるよう見守ることができた。 ●そのつど「貸してってするんだよ」と伝えたので、身振りで相手に伝えようとする姿が増えた。今後も声をかけていきたい。	●本児の語りかけに丁寧に応答し、共感したことで言葉が広がった。絵本や歌に興味があるので、それらを通して言葉数を増やしたい。 ●食べる意欲を大切にしながら、さり気なくスプーンを持たせたり手を添えたりしたことで、こぼしながらも食具で食べるようになってきた。

 Aちゃん

口で周りの世界を知ろうとするのは自然なことですが、誤飲の危険があるので気を付けます。

 Bちゃん

スプーンやフォークを使う姿を「すごいね!」と認め、自信になるように関わりましょう。

 Cくん

友達に興味はあっても上手な関わり方が分かりません。「貸して」という言葉を伝えましょう。

 Dくん

「Dくんも○くんもこの玩具が好きなの。おんなじね」と相手への親しみも育てましょう。

Cくん 1歳10か月（男児）	Dくん 2歳0か月（男児）
●友達と一緒に遊ぶ姿が見られるようになったが、関わり方が分からずに突然友達を押したり、友達の持っている物を取って反応を見たりする姿がある。	●絵本を見て「〜だね」と言ったり、お姉ちゃんを見かけると「○○ちゃんいたよ」と言ったりする。 ●気に入っている玩具を友達が使っていると、「あっ」と言って取ってしまい、トラブルになることがある。
●友達との関わり方を知る。	●自分の思いや発見を言葉で表現する。
●保育者と一緒に遊ぶ中で、友達との関わり方を知る。 [人間]	●保育者との言葉のやり取りを楽しみながら、自分の思いを言葉で表現する。 [言葉]
●突発的に友達を押してしまうことがあるので、十分気を付けて見守ると共に、一対一で関わりながら気持ちの安定を図る。 ●玩具などを取ってしまうときには、「貸してって言おうね」と声をかけ、一緒に遊びながら友達との関わり方を知らせる。	●本児の語りかけに丁寧にこたえていき、共に言葉のやり取りを楽しむ。相手が子どもの場合、思いが伝わらずトラブルになることもあるので、本児の言葉にならない「貸して」「ちょうだい」などの思いを代弁し、橋渡しをする。
●保育者も一緒に遊びながら、そのつど友達を押してはいけないということを知らせたり、「貸して」などのその場に合った言葉を伝えたりしたが、まだこのような姿は続いている。引き続き友達との関わり方を知らせたい。	●本児の語りかけに対して丁寧にこたえ、共に言葉のやり取りを楽しむことができた。玩具の取り合いなどのトラブルのときに「貸して」と言うなど、自分の気持ちを言葉で表現できるようになってきた。引き続き、その場に合った言葉を伝えていきたい。

6月 個人案

室内でも体を動かして遊ぼう

　雨のため室内で過ごすことが多くなります。子どもたちが好きな楽しい曲に合わせて体を動かしたり、室内用の滑り台を置いたりして、室内でも全身運動ができる場を用意しましょう。

　食については一人一人で取り組み方が異なってきます。自分で食べようとする気持ちを大切にし、「食事は楽しい」という経験になるよう援助していきます。

keikaku　P238-239

	😊 Aちゃん　1歳3か月（女児）	😊 Bちゃん　1歳8か月（女児）
前月末の子どもの姿	● エプロンを片付けて手をたたきながら保育者のところにきて、「上手」と言ったり、「あ〜」と言いながら貸してと手をたたいたりして、身振りや片言での簡単なやり取りを楽しむ。	● かくれんぼなど友達や保育者とのやり取りを含めた遊びを好み、楽しんでいる。友達の名前を呼んだり、絵本の読み聞かせを模倣したりする。 ● 靴や靴下を自分で脱ぎはきしようとする。
◆ ねらい	● 簡単な言葉や身振りでのやり取りを楽しむ。	● 言葉数を増やす。 ● 身の回りのことをやろうとする。
★ 内容	● 保育者と一緒に遊ぶ中で、簡単なやり取りを楽しむ。 人間 言葉	● やり取りや絵本を通して言葉数を増やす。 言葉 ● 着脱を自分でやろうとする。 健康
保育者の援助	● 「あー」「うー」などの言葉で、自分の意思を主張しているときは、本児の気持ちを代弁したり、共感したりしながら、簡単なやり取りを一緒に楽しむ。	● 簡単なわらべうたなどの遊びをくり返し伝える中で、楽しみながらやり取りをする。本児が模倣しやすい絵本を選んで読む。 ● 靴下をはくとき、本児の納得がいくまで見守り、できたときには努力を認め、意欲につなげる。
評価・反省	● 一緒に遊びながら、本児の思いを代弁し、その場に合った言葉を伝え、簡単なやり取りを楽しむことができた。 ● 「貸してだよ」と保育者が声をかけると手を前に出して身振りで表し、「…て」と言葉でも伝えようとする姿が見られた。引き続き友達への伝え方を援助したい。	● 好きな絵本を読んだり、お店屋さんごっこをしたりして、言葉のやり取りが上手になった。今後も取り入れていきたい。 ● 納得いくまで見守り、ほめたことで、身の回りのことを意欲的に行うようになった。ズボンを脱いだまま遊んでしまうので、オムツのままで遊ばないことを伝えていきたい。

「5領域」の 健康：健康　人間：人間関係　環境：環境　言葉：言葉　表現：表現　を表しています。

立案のポイント

Aちゃん

喃語が十分出るように、保育者は発せられた言葉に反応を返していくようにします。

Bちゃん

友達の名前を呼べるのはすてきなこと。その姿を認め、他の子にも広げていきましょう。

Cくん

友達の頭をなでる、肩をトントンするなど、望ましい関わり方を具体的に知らせましょう。

Dくん

トイレに座ったら、落ち着けるようにそばに保育者が付いて、ゆったり話しかけてみましょう。

Cくん 1歳11か月（男児）	Dくん 2歳1か月（男児）
●友達に興味があり、楽しそうに様子を見ているが、うまく関わることができずに押したり玩具を取ったりして、相手の反応を見ている。「貸してって言うんだよ」と伝えても、思いを言葉にすることができず、下を向いてしまう。	●保育者の声かけを聞いて、「貸して」「ちょうだい」などの気持ちを言葉で表そうとする。 ●友達がトイレに行く姿を見ると、「行く」と言ってズボンを脱ぎ出す。しかし便器に慣れず、すぐに立っている。
●友達との関わり方を知る。	●自分の気持ちを言葉で表現する。 ●トイレで排泄しようとする。
●保育者と一緒に遊ぶ中で、友達との関わり方を知る。 [人間]	●自分の思いを伝えようとする。 [言葉] ●生活の節目にトイレに行き、便器に慣れる。 [健康]
●友達の様子を楽しそうに見ているときや、押したり物を取ったりしてしまいそうなときに、「一緒に遊ぼう」と誘い、遊びの中で友達との関わり方を知らせる。 ●そのつど「こういうときは貸してって言おうね」などと、その場に合った言葉を知らせる。	●話そうとしていることが言葉で十分に伝わらないときでも、話そうとしている気持ちを受け止め、「○○だったね」と共感しながらこたえていく。 ●生活の節目にトイレに誘い、便器に慣れるようにする。オムツ交換を嫌がるときは友達が行くときに誘うなど、無理強いせずにトイレトレーニングを進める。
●一緒に遊びながら、そのつど友達との関わり方を知らせたことで、「貸して」など自分の思いを保育者のまねをして伝えようとし、押したり取ったりすることは少なくなりよかった。自分から思いを言葉で表現することは難しいので、一緒に遊びながらその場に合った言葉を知らせたい。	●一緒に遊ぶ中で言葉で表そうとしている気持ちを受け止め、その場に合った言葉を知らせたり、言葉のやり取りを楽しんだりできた。今後も思いを言葉で伝えられるよう援助したい。 ●様子を見てトイレに誘ったことでトイレに行くようになり、座るとおしっこが出るようになった。排泄の間隔をつかんで誘いたい。

7月 個人案

トイレでできるってかっこいい！

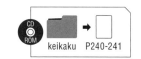

CD ROM　keikaku　P240-241 → □

軽装になる季節です。そろそろトイレトレーニングを始めたい子もいるでしょう。焦らずに、トイレでできたらかっこいいね、という喜びをもって取り組みます。トイレに行きたくなるように、トイレはいつも明るく楽しい雰囲気にしておきたいものです。

また、水や砂とも触れ合いたい時期です。水や砂の感触を十分に楽しめるよう、汚れを気にせず遊べるように服装にも配慮しましょう。

	😊 Aちゃん 1歳4か月（女児）	😊 Bちゃん 1歳9か月（女児）
前月末の子どもの姿	●声かけにより「〜て」と言って身振りや片言で思いを伝えようとするようになってきたが、思い通りにならないと大きな声を出したり、友達の持っている物を力まかせに取ったりすることがある。	●「トイレに行く」と言って、ズボンやオムツを自分で脱いで積極的にトイレに行く。帰ってきてもすぐにまた「トイレ」と言って脱ぎ、時々成功する。また、トイレから戻ってきてもおしりを出したままで遊ぼうとする。
ねらい	●簡単な言葉や身振りで思いを伝え、友達との関わり方を知る。	●トイレでの排尿に慣れる。
内容	●言葉や身振りで気持ちを伝える。[表現] ●保育者の仲立ちの下で、友達との関わり方を知る。[人間]	●トイレから戻ってきたら、オムツやズボンをはこうとする。[健康]
保育者の援助	●「〜て」など言葉にならない思いを受け止め、「貸してだよ」とその場に合った言葉を知らせる。また、思い通りにならなかった場合も「もう少し待とうね」などの声をかけ、一緒に遊びながら友達との関係を仲立ちする。	●トイレに行くことが遊びにならないように、一度戻ってきたら次はいつ行くのかを伝え、見通しをもたせて終わりにする。成功したときは一緒に喜び意欲や自信を育てる。トイレから戻ってきたら「上手にはけるの見せて」と声をかけ、ズボンを上手にはこうとするきっかけをつくる。
評価・反省	●一緒に遊びながらそのつど、その場に合った言葉を知らせたことで、身振りや簡単な言葉で思いを伝えようとする姿が増えた。しかし、待つことができなかったり、思いを通そうとして力まかせに取ったりする姿は続いている。引き続き友達との関係を仲立ちしていきたい。	●排泄したらトイレから出るという約束をしたが、遊びになってしまうことがある。引き続き見通しのもてる声かけを工夫したい。また、自分でズボンをはこうとする姿が見られるので、引き続き意欲を認め、やる気を育てたい。

 Aちゃん

思い通りにならず大声を出すのは自然なことです。「～したかったね」と温かく受け止めます。

 Bちゃん

トイレから戻ってまたすぐに行こうとしたら、「おしっこ、まだたまってないよ」と知らせましょう。

 Cくん

「どっちが好き?」「これなあに?」と積極的に言葉を出す機会をつくりましょう。

 Dくん

拒否が多くなるイヤイヤ期。温かく受け止め、自分で選べる環境をつくっていきましょう。

	Cくん 2歳0か月（男児）	Dくん 2歳2か月（男児）
	・普段は自分から気持ちを言葉で表現することは少なく、保育者が「貸してだよ」などの声をかけると、まねをして友達に伝えることが多い。 ・家庭でトイレトレーニングが始まったことからトイレに興味をもち、成功は少ないが喜んで便座に座る。	・声かけでトイレに行き、タイミングが合うと排尿しているが、オムツが濡れていることも多い。 ・「○○しようか」と声をかけると何でも「いや」と拒否することが多くなってきた。何が嫌なのか泣いてアピールすることもある。
	・自分の思いを言葉で表現する。 ・トイレで排尿することに慣れる。	・トイレで排尿することに慣れる。 ・声かけにより納得して行動する。
	・簡単な言葉のやり取りを楽しみながら、思いを言葉で表現する。 言葉 ・トイレで排尿する心地よさを味わう。 健康	・声かけによりトイレに行き、排尿することに慣れる。 健康 ・自分で納得して行動する。 言葉
	・一緒に遊びながら、その場に合った言葉を伝えたり、たくさん語りかけて簡単な言葉のやり取りを楽しんだりしながら発語を促す。 ・様子を見てトイレへ行くように促し、成功したときは「すごいね」「できたね」などの言葉をかけ、自信につなげる。	・排泄の間隔をつかみ、トイレに誘うようにする。トイレで排尿したときは一緒に喜び、意欲や自信を育てる。 ・行動を促すときに「どっちにする?」など選択できるようにして、納得して行動ができるようにする。
	・生活や遊びの中で言葉のやり取りを共に楽しみながら、その場に合った言葉を伝えたことで、少しずつ自分の思いを簡単な言葉で表現するようになってよかった。 ・トイレはタイミングが合うと成功することもあり、ほめたり一緒に喜んだりすることで意欲的に行っている。	・無理強いせず、本児のペースに合わせて誘ったので、嫌がることなくトイレへ行き、成功する回数も増えた。引き続き、本児のペースに合わせて誘いたい。 ・自分で選択するよう声をかけたことで、納得して行動できることも増えた。本児の気持ちを受け止めながら言葉をかけていきたい。

8月 個人案

夏は一人で着替えるチャンス

暑さも本番、子どもたちは汗っかき。あせもができやすい季節です。午前中の活動後や午睡の後にシャワーでさっぱり清潔にすると、保護者の迎えの時間まで快適に過ごすことができます。

半そででTシャツや半ズボンは、自分で着替えたい子どもにとって、一人でできるチャンス！　着やすいように最初は首だけ入れて援助しましょう。できたら驚いて見せ、一緒に喜び合います。

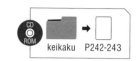

CD ROM　keikaku　P242-243

	Aちゃん 1歳5か月（女児）	Bちゃん 1歳10か月（女児）
前月末の子どもの姿	●「〜して（貸して）」と身振りや言葉で伝えようとしているが、思いが通らないと大声を出してひっくり返って怒ったり、力まかせに取ろうとしたりする。たたいたり、かみついたりしてしまうこともある。	●トイレへ誘うと喜んで行くが、行くとトイレから出るのを嫌がるなど、遊びになってしまうことがある。しかし、時々は成功する。 ●友達と関わって遊ぶことを楽しむ一方で、わざと玩具を取って、相手の反応をうかがうことがある。
ねらい	●片言や身振りで友達と関わる。	●トイレで遊ばずに排尿する。 ●友達との関わりを楽しむ。
内容	●簡単な言葉や身振りで思いを伝え、保育者との簡単な言葉のやり取りを楽しむ。 言葉	●トイレで排尿をすることに慣れる。 健康 ●保育者と一緒に遊びながら友達との関わりを楽しむ。 人間
保育者の援助	●「貸してほしかったんだよね」などと、気持ちを受け止めながら、「もう少し待ってね」などの言葉をかける。一緒に遊びながら友達との関係を仲立ちし、関わり方を知らせていく。また、言葉のやり取りを楽しみながら、言葉が広がるようにする。	●成功したときは一緒に喜び、自信や意欲につなげる。遊びにならないよう次はいつ行くのかを伝え、本児が見通しをもてるようにする。 ●友達の玩具を取ってしまったときは、「お友達、嫌な気持ちだよ」などと相手の気持ちに気付けるように、くり返し伝える。
評価・反省	●しぐさや言葉で自分の思いを相手に伝えようとしているが、伝わらなかったり思いが通らなかったりすると大声を出して怒る、かみつこうとするなどの姿が現在も見られる。引き続き本児の思いを受け止めながら、友達との関わり方を伝えていきたい。	●そのつど知らせたことで、トイレで遊ぶ様子はなく、終わったら自分から立ち、手も洗って戻ってくるようになった。引き続き自信がもてるような声をかけていきたい。 ●そのつど相手の気持ちを知らせながら仲立ちすると、このような姿は減ってきた。十分に遊んで友達との関わりを楽しめるようにしたい。

「5領域」の 健康：健康 人間：人間関係 環境：環境 言葉：言葉 表現：表現 を表しています。

立案のポイント

 Aちゃん

かみついて相手にけがをさせないよう、細心の注意を払う必要があります。

 Bちゃん

「○○ちゃん喜んでるね、嬉しいね」と友達を喜ばせるのはいいことだと伝えてもよいでしょう。

 Cくん

「○○ちゃんが使ってるね」と示し、「貸してって言ってごらん」と言葉にすることを促します。

 Dくん

泣いて倒れ込むときは「嫌だったね」と寄り添い、落ち着いたら楽しい遊びに誘いましょう。

Cくん 2歳1か月（男児）	Dくん 2歳3か月（男児）
●友達がトイレに行くのを見たり声をかけられたりすると、喜んで自ら進んでトイレに行き、時々は成功する。 ●思いを自分で言葉で表現することは少なく、無言で突然相手を押したり、たたいたりしてしまう。声かけにより「貸して」と言う。	●自分から「行く」と言ってトイレに行ったり、声かけにより嫌がらずにトイレに行ったりしている。タイミングが合い成功することが増えているが、オムツが濡れていることも多い。 ●自分の思いが通らないと泣いて倒れ込み、何でも「いや」と言う。
●トイレで排尿することに慣れる。 ●自分の思いを言葉で表現する。	●トイレで排尿することに慣れる。 ●納得して行動する。
●生活の節目でトイレへ行き、排尿することに慣れる。[健康] ●自分の思いを言葉で相手に伝える。[言葉]	●自分からトイレに行こうとする。[健康] ●自分の思いを伝え、納得して行動する。[表現]
●午睡の前後やオムツが濡れていないときに、トイレに誘う。成功したときには一緒に喜び、意欲や自信を育てる。 ●そのつどその場に合った言葉を知らせ、上手に言葉で表現できたときにはうまく言えたことを認め、意欲を育てる。	●本児が「行きたい」と言ったときの間隔をつかんでトイレに誘う。成功したら一緒に喜び、自信につながるよう声をかける。 ●おおらかな気持ちで受け止め、行動を促すときには「どっちにする？」などと本児に選択させ、見通しをもって納得した行動ができるようにする。
●生活の節目やオムツが濡れていないときにトイレに誘い、一緒に成功したことを喜んだことで意欲的にトイレに行くようになりよかった。引き続き意欲がもてるように十分にほめ、トイレでの排尿に慣れるようにしたい。 ●上手に言葉で表現できたときにほめたことで、言葉で伝えられるようになった。	●トイレで排尿するようになったが、オムツが濡れていることも多い。本児の自信につなげていくような声をかけ、おしっこが出る前に知らせてトイレで排尿できるようにしたい。 ●気持ちが安定するのを待ってから「残念だったね」など、気持ちに添った言葉をかけたことで、泣いて倒れ込むことはなくなった。

Part 3

指導計画

8月 個人案

243

9月 個人案

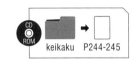
keikaku → P244-245

夏の疲れに気を付けながら、秋を楽しむ

疲れが出やすい頃なので、だるそうにしていないか、熱はないか、常に気を配る必要があります。また、歩き方が次第にしっかりしてきます。運動会ではかけっこにも参加するでしょう。大きなけがにつながらないように見守りましょう。

草花や木の実など秋の自然物との関わりも計画したいものです。自然が豊かな公園を選ぶなどして、出会いを演出しましょう。

	Aちゃん 1歳6か月（女児）	Bちゃん 1歳11か月（女児）
前月末の子どもの姿	●しぐさや簡単な言葉、「て（貸して）」「やーよ」などで自分の思いを伝えようとしているが、思いが通らないと大声を出して怒ったり、ひっかいたり、かみつこうとしたりする。また、何も言わずに急に友達の持っている玩具を取ることもある。	●自分で脱いでトイレに行き、遊ばずに戻ってきて自分でオムツをはいている。時々だが、オムツにおしっこをした直後に、「出た」と言って知らせることがある。 ●夏の暑さのためか食欲が落ちているが、ある程度の量を食べると遊び出す。
ねらい	●保育者の仲立ちの下で、友達との関わり方を知る。	●トイレで排尿することに慣れる。 ●ごちそうさまをして食事を終える。
内容	●自分の思いや欲求を簡単な言葉や身振りで伝える。 人間 言葉	●出ることを知らせトイレに行く。 健康 ●声かけにより、遊ばずに食事を終える。 健康
保育者の援助	●「○○がほしかったんだよね」など、本児の言葉にならない思いを受け止め、代弁する。また、「貸してって言うと貸してもらえるよ」「貸してって言ってみようか」など、相手への伝え方をくり返し知らせ、友達との関係を仲立ちする。	●トイレで成功したときは一緒に喜び、自信につなげる。オムツにおしっこが出たことを知らせたときは、十分にほめて次への意欲を育てていく。 ●おなかいっぱいの様子が見られたり進みが止まってきたりしたら声をかけ、遊び出す前にごちそうさまをするように促す。
評価・反省	●そのつど気持ちを受け止めながら、その場に合った言葉を知らせ、友達との関わりを仲立ちしていったが、このような姿がまだ見られる。引き続き、気持ちを受け止めながら、友達との関わり方を仲立ちしたい。	●声かけをしたことで、オムツが濡れたときにおしっこを知らせるようになった。引き続きタイミングを見ながらトイレに誘い、トイレで排尿することに慣れるようにしていきたい。 ●ごちそうさまを促したところ、遊ばずに自分から食器を重ねて「ごちそうさま」が言えるようになった。

「5領域」の 健康 ：健康 人間 ：人間関係 環境 ：環境 言葉 ：言葉 表現 ：表現 を表しています。

⬜ のポイント

 Aちゃん
玩具は複数準備し、「同じだね」と友達とのつながりを感じさせ、どの子も満足できるようにします。

 Bちゃん
食べ物で遊び始めたら、おなかがいっぱいのサインです。ごちそうさまをして片付けましょう。

 Cくん
「おしっこが出るとき、肩トントンしてね」と動作も伝えておくと知らせやすいかもしれません。

 Dくん
「教えてくれてありがとう」と伝えると嬉しい気持ちになり、意欲につながります。

Cくん 2歳2か月（男児）	Dくん 2歳4か月（男児）
◯ 声をかけると意欲的にトイレに行って排尿する。オムツが濡れていないことも増え、ほとんどトイレでしているが、出る前や出た後に知らせることはまだない。	◯ 立っておしっこができるようになり、嬉しいようで、はりきってトイレに行って成功するが、オムツが濡れていることも多い。時々だが出る前に「おしっこ出る」と知らせる姿が見られる。
◯ トイレで排尿することに慣れる。 ◯ おしっこが出たことを知らせる。	◯ 尿意を知らせてトイレに行く。
◯ 尿意を知らせてトイレに行き、排尿することに慣れる。[健康]	◯ 言葉で尿意を知らせてトイレに行く。[健康][言葉]
◯ トイレで成功したときには、一緒に喜び自信につなげる。オムツが濡れているときは、「おしっこ出たよって次は教えてね」と声をかけ、気長に見守る。 ◯ おしっこが出たことを知らせたときには十分にほめて、自信につなげる。	◯ タイミングよくトイレに誘いかけ、知らせたときにはしっかりとほめて、自信や意欲を育てる。家庭とも連携しながら無理なく進める。 ◯ トイレで上手に排尿できているときは十分にほめる。オムツが濡れているときは「出たよって教えてね」と、くり返し声をかける。
◯ 排尿後に知らせるようになり、時々だが排便後にも知らせることがあった。しかし、遊びに夢中になるとトイレに行くことやオムツ交換も嫌がる。無理強いせず、気持ちがのるような声かけの工夫をしたい。	◯ まだオムツが濡れていることも多いが、ほめられて自信がつきトイレで成功することも増えた。しかし、気分によりトイレに行くことを嫌がる姿も出てきたので、無理のないようにタイミングを見てトイレに誘いたい。

10月 個人案

動きがしっかりし、関心が広がる

行動範囲が広くなり、園庭のいろいろな場所に興味をもちます。友達にも関心を向け、じっと見たりしていることをまねたりします。そんなときは「○○ちゃん、△△しているね」と言葉を添え、今していることや相手の名前を聞かせるとよいでしょう。たくさん動くと食欲も出てきます。旬の食材も豊富なので「おいも、おいしいね」などと野菜の名前を教えながら、楽しく食事ができるようにしましょう。

keikaku P246-247

	Aちゃん 1歳7か月（女児）	**Bちゃん 2歳0か月（女児）**
前月末の子どもの姿	●ロッカーのかごを次々と下に落としたり、机の上に立つ姿を見せたりする。 ●他の玩具で遊んでいても、気に入っている人形や玩具を他児が使おうとすると、怒って取ろうとする。	●野菜が苦手で最後に残してしまうことが多いが、「おいしいよ」「少しだけ食べられるようになって、えらいんだよね」と声をかけると食べるようになっている。「見て！ 食べたよ。えらいでしょ」と言う。
ねらい	●約束ごとを知る。 ●玩具を順番で使うことを知る。	●苦手な野菜にも慣れる。
内容	●約束ごとを理解して守ろうとする。 [人間] ●玩具などは友達と譲り合って使うことを知り、順番で使う。 [人間]	●苦手な物を食べてみようとする。 [健康]
保育者の援助	●そばに付いて自分からやめることを待ったり、出してしまったかごを一緒に片付けたりしながら、やってはいけないことを知らせる。 ●人形5体、ぬいぐるみ4体、おんぶひも10本、ままごとの包丁10本など、玩具はたくさん用意する。また、友達と譲り合って遊ぶことを知らせる。	●少しでも食べたら、「たくさん食べられたね。すごいね」と認め、ほめることで食べられた満足感をもたせる。苦手な野菜を少しずつ盛り、他児の食べる様子を見せ、保育者も一緒に食べて、無理強いしない程度にすすめ、味に慣れるようにする。
評価・反省	●そのつど声をかけて知らせたことで、机の上に上る姿は徐々に減り、ロッカーのかごを出す姿はほとんど見られなくなった。根気よく声をかけていきたい。 ●「今は使っていないから貸してあげようね」などの声かけをくり返したことで、順番で譲り合って使えるようになりよかった。	●たくさんほめたり、一緒に食べたりしながら「おいしいね」と声をかけたことで、「○○お野菜食べられるもんね」と言って、自分から食べる姿も出てきたのでよかった。今後も少しずつ食べられるようにしていきたい。

立案のポイント

 Aちゃん

自分に注目してほしいのかもしれません。やりたいことは何かを探り、関わります。

 Bちゃん

苦手な野菜にも前向きに取り組んでいます。保育者も一緒に食べてみせるといいでしょう。

 Cくん

スクーターは乗るたびにバランス感覚が身に付きます。まずは直線を走るラインを引きましょう。

 Dくん

気に入った服がないときには「どんなのがよかったの?」と聞き、言葉にすることを促します。

Cくん 2歳3か月（男児）	Dくん 2歳5か月（男児）
●排便・排尿後に時々は知らせるようになったが、遊びに夢中になっていたり、気分がのらなかったりするとトイレやオムツ交換を嫌がる姿がある。 ●三輪車やスクーターで遊ぶことを楽しんでいるが、時々バランスを崩し、転ぶこともある。	●時々「おしっこ」と言って知らせてからトイレに行き排尿している。オムツが濡れていないときに誘っても、気分によってはトイレに行くのを嫌がる。 ●「これがいい」とロッカーから衣服を選んで自分で着る。気に入っている服がないと、泣いて着替えを嫌がる。
●トイレで排尿する。 ●戸外で好きな遊びを楽しむ。	●尿意を知らせてトイレに行く。 ●一人で着替えをする。
●声かけにより嫌がらずにトイレに行き排尿する。[健康] ●三輪車などで体を動かして遊ぶ。[環境]	●言葉で尿意を知らせたり、声かけで嫌がらずにトイレに行ったりする。[健康] ●衣服を選び、自分で着ようとする。[健康]
●トイレを嫌がるときは無理強いせずにその場に応じて対応する。気分がのるような声かけを工夫する。 ●バランスを崩して転びやすいので、必ずそばに付いて見守る。一緒にスクーターで走りながら楽しみを共有する。	●タイミングを見てトイレに誘い、事前に知らせたときはほめて自信につなげる。行くのを嫌がるときは無理強いせず、本児のペースで進める。 ●一人で着脱する気持ちを大切にする。気に入った服がなく泣いて着替えないときは、「きっと明日はあるよ」と声をかけて次の行動がとれるようにする。
●成功する回数も増えているが、トイレの声かけをしたときに気分がのらないと行くのを嫌がる。声かけを工夫し、無理のない程度に進めたい。 ●必ずそばで見守りながら、一緒に楽しんだので、転ぶことも少なくなり、上手にこげるようになってよかった。	●気分がのらないとトイレへ行きたがらないので、無理強いせず本児のペースに合わせるようにした。引き続き、知らせたときはほめて意欲を高めたい。 ●一人で上手に着替えていることを認め自信につなげていくことができた。納得できないと着替えず泣く姿があるので気持ちを受け止め、納得して次の行動に移れるよう声かけを工夫したい。

11月 個人案

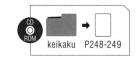
keikaku → P248-249

冬に向けて、手洗いの習慣を身に付けよう

　風邪予防のためにも、手を洗う習慣は欠かせません。一人一人に手の洗い方を伝え、きれいに洗えたかどうかを見届けましょう。

　くり返しのある絵本が楽しい時期です。みんなで一緒にタイミングを合わせて動いたり、絵本の中の言葉を言ったりして遊びましょう。また、役になりきる気持ちも芽生え始めています。登場人物になったつもりで保育者も一緒に盛り上がりましょう。

	Aちゃん 1歳8か月（女児）	Bちゃん 2歳1か月（女児）
前月末の子どもの姿	●靴の脱ぎはきや、ズボンの着脱などを一人でやろうと頑張っているが、うまくできずにあきらめて途中で遊び出す。手伝われることを嫌がり、泣いて怒る。	●「出たよ」と知らせてトイレに行くことが多くなったが、気分がのらないと行きたがらない。 ●会話がとても上手だが、思うように友達との会話が進まないときは集中して遊び込めず、友達の嫌がることをして反応を見て楽しむ姿がある。
ねらい	●簡単な身の回りのことを自分で行う。	●トイレに行き、排尿する。 ●保育者や友達と一緒に楽しく遊ぶ。
内容	●衣服の着脱など、身の回りのことを自分で行おうとする。 健康	●嫌がらずにトイレに行き排尿する。 健康 ●保育者の仲立ちの下で友達と楽しく遊び込む。 人間
保育者の援助	●本児の自分でやりたい気持ちを受け止め、着脱などを見守る。また、あきらめて途中で遊んでしまう前に、難しいところはさり気なく手助けをして、自分でできたと満足感が味わえるように援助する。	●嫌がるときは無理せず本児のペースに合わせて対応する。また、気分がのるような声かけを工夫する。 ●保育者も遊びに加わりながら、じっくりと遊び込めるように友達との会話の仲立ちをする。 ●月齢が低く言葉がまだはっきりと出ていない子の思いを代弁し、会話が続くようにする。
評価・反省	●一人でやろうとしているときには見守り、できないところをさり気なく手助けして「自分でできた」という満足感を味わえるようにすることができた。また、さり気ない手助けにより、途中で遊び出すこともなくなりよかった。	●トイレの絵本に興味をもって読んでいるので、絵本を利用してトイレに誘いたい。 ●友達との会話を仲立ちすることでやり取りを楽しめることもあるが、長い時間は遊び込めない様子である。来月は声かけの仕方に気を付け興味をもちそうな玩具を用意するなど、環境を工夫しようと思う。

「5領域」の 健康：健康 人間：人間関係 環境：環境 言葉：言葉 表現：表現 を表しています。

立案のポイント

 Aちゃん

一人ではこうとする姿が素晴らしいですね。保育者が応援団になりエールを送りましょう。

 Bちゃん

「○○ちゃんはどんな気持ち?」と問い、相手から返答がなくても不満をもたないようにします。

 Cくん

食事中、落ち着かない原因は何か考えましょう。席を仲よしの子の近くにするなど工夫します。

 Dくん

歌い始めたとき、保育者は手拍子をするなど、みんなが楽しめる雰囲気をつくっていきましょう。

👦 Cくん 2歳4か月（男児）	👦 Dくん 2歳6か月（男児）
● 食事の際に椅子をずらして遊び出したり、椅子に足を立てたりして姿勢が悪い。 ● 昼寝後にオムツが濡れていないことが増え、トイレに行くと成功している。遊びに夢中で気分がのらないとトイレやオムツ交換を嫌がることがある。	● 「おしっこ」と教えてトイレに行き、成功することが増えている。遊びの途中で尿意を感じたときには、「おしっこ行かない」と言ってオムツにしてしまうこともある。 ● 歌が好きで、アニメの曲や手遊び歌など、いろいろな歌を口ずさんでいる。
● 正しい姿勢で食べる。 ● トイレで排尿する。	● 言葉で尿意を知らせてトイレに行く。 ● 歌や手遊びを楽しむ。
● 声かけにより、正しい姿勢で食べる。[健康] ● 声かけにより、嫌がらずにトイレに行き排尿する。[健康]	● 言葉で尿意を知らせ、トイレで排尿する。[健康] ● 保育者と一緒に歌や手遊びを楽しむ。[表現]
● 姿勢が悪いときはそのつど声をかけて直す。遊び出す前にごちそうさまを促したり、苦手な物にも挑戦しようと思えるように声かけを工夫したりする。 ● 成功したときは、たくさんほめて自信につなげる。嫌がるときは無理強いせず、寝起きなどの嫌がらないときに誘う。	● 知らせたときはほめて自信につなげる。トイレに行くのを嫌がるときは無理に誘わず本児のペースで進める。また、声かけを工夫して、トイレに行こうと思えるようにする。 ● 「上手だね」とほめたり一緒に歌ったりして、楽しさを共有する。
● そのつど声をかけていき、椅子をずらすなどの姿はなくなった。しかし、足を立てるなどの姿勢の悪さはまだ見られるので、引き続き正しい姿勢を知らせたい。 ● その場に合わせて無理なく本児のペースで進めていくことができた。今後も無理のないように本児のペースで進めていきたい。	● 「○○くんと一緒に行ってみたら?」などと声をかけることでトイレに嫌がらず行くようになった。声かけを工夫し、ほめて意欲を育てたい。 ● 生活や遊びの中で歌ったり踊ったり、手遊びをしたりして共に楽しむことができた。家庭にも園で楽しんでいる歌や手遊びを紹介し、いつでも楽しめる環境づくりができた。

12月 個人案

「ありがとう」が言えるように促しを

　集団保育の場なので、咳をする子、鼻水が出る子は必ずいるもの。咳をするときは口に手を当てることや、鼻のかみ方を丁寧に教えていきましょう。また、友達との関わりが増えてきます。「どうぞ」「ありがとう」が言えるように、保育者も実際に使って聞かせ、子どもにも言うように促します。言えたら「すてき!」「上手ね!」と認め、言えた喜びを共に味わいましょう。

keikaku P250-251

	👧 Aちゃん　1歳9か月（女児）	🐶 Bちゃん　2歳2か月（女児）
前月末の子どもの姿	●トイレに興味があり、おしっこが出たときに自分で「トイレ」と言い、ズボンを脱いでトイレに行く。だれかが脱いでトイレに行くときにも一緒に脱いで行こうとしたり、なかなかトイレから戻ろうとしなかったりする。	●「トイレに行こうか」と何人かを誘うと、「○○が一番!」とだれよりも先にトイレに行こうとする。終わった後もトイレから立とうとせず、なかなか次の子へトイレを譲ろうとしない。
ねらい	●トイレで排尿することに慣れる。	●落ち着いてトイレで排尿する。
内容	●トイレに行き、遊ばずに排泄しようとする。 健康	●あわてず落ち着いて、トイレで排泄する。 健康
保育者の援助	●出たことが分かり脱いでいるので、まずは分かったことをほめて「次は脱がないで教えてね」と声をかける。何度も行きたがったり、なかなか戻ろうとしなかったりするときは、そのつど次はいつ行くのか声をかけ、見通しがもてるようにして納得させる。	●一番にしたい気持ちを認めながらも、"早さ"だけにとらわれないよう、ゆっくりと着実にできるように見守っていく。また、出たら速やかに終わりにし、待っている友達に譲るように声をかける。
評価・反省	●出たことが分かったということをほめ、「脱がずに教えて」とくり返し教えたので、「ちっち」と言って知らせるようになった。あらかじめトイレットペーパーを適量用意して渡すようにしたので、遊ぶことがなくなり、スムーズに済ませられるようになった。本児の意欲を大切にしながら進めたい。	●「ゆっくりでいいんだよ」と声をかけたことで、一番にこだわらず落ち着いてトイレに行けるようになった。そのため、友達と「順番だもんね」と言い、譲り合うこともできるようになったのでよかった。

「5領域」の 健康：健康　人間：人間関係　環境：環境　言葉：言葉　表現：表現　を表しています。

 Aちゃん

他の子がトイレに行く姿を見たり、「教えてくれてありがとう」を聞いたりするのも学びです。

 Bちゃん

「一番はえらくないよ。ゆっくりできるのがえらいよ」と価値観を変えていくこともできます。

 Cくん

保護者と話したことで、同じ対応をすることができました。あいさつができたら認めましょう。

 Dくん

ごっこ遊びを楽しむことで、友達や3歳以上児とのつながりも意識できるでしょう。

	Cくん 2歳5か月(男児)	Dくん 2歳7か月(男児)
	● 食事の際に立てひざをし、好きな物だけ食べ終わると、あいさつせずに椅子を後ろへ下げて、そのまま食事を終わらせようとする。	● 園庭に出ると、砂場の横にあるハウスの中に入り「オオカミして」と言う。保育者がオオカミになると3匹の子ブタになりきっている。「三匹のやぎのがらがらどん」や「おおかみと七匹のこやぎ」などのごっこ遊びも好きで、絵本のせりふを言って楽しむ。
	● 食事の後にあいさつをする。	● ごっこ遊びを楽しむ。
	● 正しい姿勢で食事する。[健康] ● 「ごちそうさま」を言ってから席を立つ。[健康]	● 保育者や友達とごっこ遊びを楽しむ。[人間][表現]
	● そのつど正しい姿勢を伝え、直していく。また、面談では、あいさつを家でしないため園でもすぐ席を立つのかもしれない、とのことだった。家庭でもあいさつをして席を立つようにお願いし、園と家庭と同じ振る舞いができるようにする。	● 絵本のイメージが膨らむようにしながら、本児から出てくる言葉をつなげ、より遊びが盛り上がるように工夫する。また、友達や3歳以上児も誘い、一緒にごっこ遊びを楽しめるように仲立ちする。
	● そのつど、正しい姿勢を伝えたことで、少しずつ正しい姿勢で食べられるようになった。椅子をずらす前に保育者が声をかけることで、「ごちそうさま」も言えるようになった。習慣づけられるよう、引き続き声をかけたい。また、正しい姿勢で食べられたときは、「かっこいいね」などの声をかけ、意欲を育てたい。	● 保育者も一緒にごっこ遊びを楽しみながら、友達と一緒に遊ぶ楽しさを知らせることができた。また、「大きなカブ」など、ごっこ遊びにつながるような絵本を読み、3歳以上児とも一緒に遊ぶ楽しさを知らせていくこともできた。十分にごっこ遊びが楽しめたのでよかった。

1月 個人案

冬ならではの遊び方を考えよう

寒さに負けず、戸外遊びを十分に楽しめる環境を準備しましょう。コートを着て外へ出ても、動いていると汗をかきます。衣服を調節しながら遊ぶ配慮が必要です。

また、霜柱や水たまりに張った氷などにも、タイミングよく出会わせたいものです。それらを見ることができる場所を見付けておき、寒い日の朝に遊べるように計画に入れておきましょう。

keikaku P252-253

	Aちゃん 1歳10か月（女児）	Bちゃん 2歳3か月（女児）
前月末の子どもの姿	●言葉が少しずつ出るようになり、「貸して」と言える。急に取ってしまうことは少なくなった。 ●相手が「ちょっと待っててね」と言っても、待てずに物を取ってしまいトラブルになる。トイレや手洗いも順番が待てず横から入ろうとする。	●おしっこやうんちが出たことを言葉で知らせ、トイレにも進んで行くが、気分がのらないときはオムツ交換も嫌がることがある。 ●朝の時間外で2歳児の保育室に行き満足すると、戻ってからも楽しく遊び込む。
ねらい	●順番や待つことを知る。	●声かけによりトイレに行く。 ●保育者や友達と一緒に楽しく遊ぶ。
内容	●声かけにより、順番や待つことを知る。 人間 言葉	●声かけにより嫌がらずにトイレに行ったり、オムツ交換をしたりする。 健康 ●友達とのやり取りを楽しみ遊ぶ。 人間
保育者の援助	●急に取ることなく自分から「貸して」と言えたことを十分にほめて、意欲を育てる。 ●待てずに横から入ろうとするときには「待っててね」と伝え、順番があることをくり返し伝える。	●気分がのらないときは、無理せず本児のペースに合わせて対応し、トイレに行きたくなるよう工夫する。 ●楽しく集中して遊び込めるように、2歳児クラスと連携して保育する。まだあまり言葉が出ていない月齢の低い子とも遊び込めるように、相手の思いを代弁しながら仲立ちする。
評価・反省	●トイレや手洗い場などでは順番を理解し、待てるようになった。玩具の順番は待てないことが多いので、来月は本児が順番を理解できるよう、紙芝居や絵本（「かわりばんこじゅんばんこ」、「ぼくにものせてよ」）などを利用して、目に見える物で順番を待つことを伝えてみようと思う。	●トイレへの声かけを工夫したが、なかなか有効な言葉かけが見付からなかった。本児のペースや気持ちをくみ取りながら声をかけていきたい。 ●2歳児クラスと連携して遊び込めたことにより、自分のクラスでも落ち着いて遊ぶようになりよかった。

「5領域」の 健康：健康 人間：人間関係 環境：環境 言葉：言葉 表現：表現 を表しています。

立案のポイント

 Aちゃん

列に並んでいれば順番がくることを伝え、待つ間も手遊びなどで楽しく待てる工夫をします。

 Bちゃん

2歳児の保育室に興味をもっています。世界を広げていけるように関わりましょう。

 Cくん

トラブルの仲立ちをする際、「何か言うことあるかな?」と優しく尋ねましょう。

 Dくん

泣くのも大切な表現ですが、落ち着いたら思いを言葉で伝えられるように促しましょう。

	Cくん 2歳6か月（男児）	Dくん 2歳8か月（男児）
	● 前月に比べて少しずつ正しい姿勢で食べられるようになった。好きな物を食べて満足すると、うつむいて保育者から声をかけられるのを待っていることがある。 ● 興奮すると強い口調になってしまい、友達とトラブルになることがある。	● 思いが通らないと倒れ込んで泣いてアピールしたり、物を投げて泣いたりする。しばらく泣き続けるが、タイミングを見て声をかけると、話に耳を傾け、受け入れる。
	● 食後のあいさつをする。 ● 落ち着いて話をする。	● 泣かずに言葉で思いを伝える。
	● 正しい姿勢で食事をして、自分でごちそうさまをする。 健康 ● 落ち着いて友達と遊ぶ。 人間 言葉	● 泣かずに言葉で思いを伝え、声かけにより納得して次の行動に移る。 言葉
	● 姿勢が悪いときは、そのつど声をかけて正しい姿勢で食べることを習慣づけられるようにする。また「おなかいっぱいになったら自分でごちそうさまって言うんだよ」とくり返し伝え、自分から終わりにできるように促す。 ● 興奮しているときは本児を落ち着かせ、「○○って言いたかったんだね」とトラブルになる前に仲立ちをする。	● 「泣かないで何が嫌なのか言ってね」など、自分の思いを言葉で伝えられるよう、くり返し伝える。言葉で伝えられたときは思いを受け止める。また、泣いて言えなくなったときは、落ち着くまでしばらく時間をおき、気持ちを切りかえられるようにする。
	● そのつど知らせていき、正しい姿勢で食事ができるようになった。また、「終わり」と言って食事を終えることや、自分から「ごちそうさま」とあいさつもできるようになった。今後も自信がもてるようにしたい。 ● 「優しく言ってね」とくり返し伝えたが、まだ十分でない。	● 思いが通らないときに、何が嫌なのかを言葉で伝えようとする姿は見られるようになったが、なかなか気持ちを切りかえられず泣いて倒れ込んでいる。今後も気持ちを受け止めながら、気持ちの切りかえができるように、声かけを工夫したり時間をおいたりするなど、その場に合わせて対応していきたい。

Part 3

指導計画

1月 個人案

2月 個人案

友達と一緒、まねっこが楽しい時期

月齢の近い子ども同士が近づいて、一緒に遊ぶようになります。友達のまねをする、顔を見合わせてにこっとする、一人が動くともう一人も付いていくというように、ただ一緒にいることが楽しい時期です。計画を立てるときには、「○○ちゃんグループ」、「△△ちゃんグループ」と、子どもたちの顔を思い浮かべながら、興味をもちそうな物を探っていくと考えやすいかもしれません。

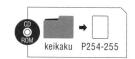

CD ROM keikaku P254-255

	Aちゃん 1歳11か月（女児）	Bちゃん 2歳4か月（女児）
前月末の子どもの姿	●言葉がだいぶ出るようになってきており、保育者や友達と積極的にやり取りをしながら遊びを楽しむ。ただ、ほしい玩具があると順番が待てず、力まかせに取ろうとするのでトラブルになる。	●トイレでおしっこが成功したときに「すごいね」と声をかけられると、とても嬉しそうにする。半面、寒さや遊びたい気持ちから、気分によってはトイレに行くことやオムツ交換を嫌がることがある。
ねらい	●簡単な言葉のやり取りを楽しむ。 ●順番や待つことを知る。	●声かけにより進んでトイレに行く。
内容	●保育者や友達と簡単な言葉のやり取りを楽しみながら、順番や待つことを知る。 言葉	●声かけにより意欲的にトイレに行ったり、嫌がらずにオムツ交換をしたりする。 健康 言葉
保育者の援助	●一緒に遊びながら言葉のやり取りを楽しんだり、順番を待てるようにくり返し伝えたりする。言葉で「貸して」と相手に伝えられたときや、順番を待てたときはたくさんほめ、意欲につなげる。また、本児に分かりやすいよう、紙芝居などでやり取りの方法を伝えていく。	●トイレに行きたくなるように声かけを工夫し、トイレに好きな絵をはったり、オムツに絵をかいたりして、トイレでオムツ交換をしたくなるように工夫する。また、本児のペースや気持ちをくみ取りながら声をかける。
評価・反省	●遊びの中で言葉のやり取りを楽しむことで、言葉がより多く出るようになった。玩具のやり取りでは「貸して」と言えたり、順番を待てるようにもなったりしている。時々、順番が待てず叫び声をあげたり、物にあたったり投げたりという姿があるので、そのつどいけないことを伝えていきたい。	●トイレに本児の好きな絵をはったところ、「クマさんに行く」と言い、喜んでトイレに行くようになった。また、オムツにも絵をかくことで交換もスムーズに行えた。ちょっとした工夫で、子どものやる気が育つと改めて感じたので、これからも工夫しながら、やる気を育てていきたい。

Aちゃん

伝えたいことを視覚に訴えられるよう、紙芝居などを活用するのはよい方法です。

Bちゃん

トイレは暖かく保ち、おしりを出す際に寒くないようにします。好きな物を飾るのはよい工夫です。

Cくん

言葉で伝えるよさを経験していきます。「優しく言うとどうなるかな?」と問いかけてみましょう。

Dくん

自分で気持ちを整理したり、立ち直ったりする大切な経験をしています。ゆったり見守ります。

Cくん 2歳7か月(男児)	Dくん 2歳9か月(男児)
●だまって押すようなことはほとんど見られなくなり、「どいてよ」「これ使ってる」などの言葉で伝える。しかし、カッとなり興奮したとき以外でも口調が強くなるのでトラブルになる。思いが伝わらなかったイライラから、手が出てしまうことがある。	●思いが通じず泣いて倒れ込むだけではなく、泣きながらも思いを言えるようになる。しかし、納得して気持ちを切りかえることができずに、部屋の隅へ行ってしばらく帰ってこなかったり、次の行動へなかなか移ることができなかったりする。
●落ち着いて話をする。	●声かけで気持ちを切りかえる。
●落ち着いて友達に話しかけ、楽しく遊ぶ。人間 言葉	●声かけにより気持ちを切りかえ、納得して次の行動をとる。言葉
●強い口調で話しているときには、「〜って優しく言うんだよ。お友達がびっくりしちゃうよ」と、その場に合った伝え方や、相手の気持ちを知らせ、優しく話せるようにする。優しく言えたときは十分にほめ、自信をもたせる。	●泣きながらも思いを伝えたことを受け止めて自信を育てる。部屋の隅へ行ってしまっても自分で一人になり気持ちの整理をしていることもあるので、無理に声をかけず時間をおいて落ち着いた頃に声をかける。また、答えは自分で出せるように「どうする?」と投げかけ、納得して自ら次の行動に移れるようにする。
●強い口調になったとき、すぐに保育者が間に入り、「〜って言いたいんだね」と気持ちを代弁することで、落ち着いて話したり、優しい口調になれたりする。今後もくり返し場面に応じて伝えていきたい。	●本児が落ち着いてから次の行動に誘ったり、「これが全部終わるまで待っているから、終わったら○○しようね」など納得できるよう言葉かけをしたりすることで、気持ちの切りかえも少しずつスムーズになった。しかし、現在も生活の節目には切りかえが難しいこともあるので、引き続き声かけの工夫をしていきたい。

Part 3

指導計画

2月 個人案

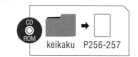

3月 個人案

CD-ROM keikaku P256-257

大きくなったね、の喜びをみんなで共有

子どもたち一人一人の成長が感じられる、嬉しい3月です。年上の子と関わるチャンスも多くあるので、機会を利用して、刺激を上手に受けたいものです。4月から使う新しい保育室に遊びに行く計画も、無理のないように入れていきましょう。また、保護者とも成長の喜びを共有できる時期です。こちらから積極的に、子どもの育ったところや伸びようとしている点をしっかり伝えましょう。

	Aちゃん 2歳0か月（女児）	Bちゃん 2歳5か月（女児）
前月末の子どもの姿	●泣いている子がいると頭をなでたり、転んだ子を見ると「ぶ？（大丈夫？）」と言って手を引いて起こしてあげたりする。しかし、何もしていない子に対して急に髪の毛を引っぱったり後ろから押したりして、反応を見ることがある。	●友達の使っている玩具に興味をもつと、力ずくで取ろうとする。 ●衣服の前後を「こっちが前？」と聞き、裏返しになっていると直そうとしている。また、一人で積極的に着替えをする。
ねらい	●他児への思いやりの気持ちをもつ。	●順番や待つことを知る。 ●一人で着替える。
内容	●他児への思いやりの気持ちをもって、関わろうとする。 人間	●言葉で気持ちを表しながら、順番や待つことを知る。 言葉 ●気を付けながら着脱をする。 健康
保育者の援助	●相手を思いやる気持ちをもって接していることを十分にほめ、思いやりの気持ちを大切にする。 ●友達の嫌がることをして反応を見ているときには、そのつどいけないことだと知らせ、相手の気持ちも伝える。	●そのつど「貸して」と相手に聞くこと、順番があること、相手の思いなどをくり返し伝える。「貸して」と言って待てたときには十分にほめる。 ●前後の模様や印などを意識させながら、裏表の返し方を知らせる。頑張る姿を認めて自信につなげる。
評価・反省	●相手を思いやる気持ちや、自分の思いを言葉や行動で表している姿を受け止めていくことで、少しずつ友達が嫌がることをしなくなりよかった。これからも他児への思いやりの気持ちがより育つように、優しく接している姿を認めていきたい。	●くり返し友達の思いを代弁して伝えたが、現在も同じような姿が見られるので、引き継ぎをしっかりしていきたい。 ●一人で頑張る姿をほめ、意欲につなげていくことができた。また、前後も意識して着替えられるようになったので、十分にほめて自信につなげていきたい。

「5領域」の 健康：健康 人間：人間関係 環境：環境 言葉：言葉 表現：表現 を表しています。

立案のポイント

 Aちゃん
思いやりを示せたら「優しいね」と認め、嫌がることをしたら「いいのかな?」と問います。

 Bちゃん
「○○ちゃんが使っているよ」と事実を伝え、「Bちゃんも使いたいね」とゆっくり共感します。

 Cくん
にっこり笑顔になると、声も自然と優しくなることを伝えましょう。

 Dくん
自分で区切りを付けて生活をしている主体的な姿です。Dくんの判断を尊重していきましょう。

Cくん 2歳8か月（男児）	Dくん 2歳10か月（男児）
● 普段から話すときの口調が強く、周りの子が怒っていると思ってしまいトラブルになることがある。正義感が強いことから、友達に注意するときも強くなりがちである。保育者が「落ち着いて」「ゆっくり」と声をかけると、優しい口調で伝えられることもある。	● 遊びに夢中になるとなかなか次の行動に移れないことが多く、おやつや給食の時間に「やだ。まだ遊びたかった」と言って怒る。みんなが食べ始めると「後で食べるから待ってて」と言う。自分で区切りを付けて、「来たよ」と言って食べ始める。
● 落ち着いて話しながら楽しく遊ぶ。	● スムーズに気持ちを切りかえ、次の行動に移る。
● 保育者や友達と落ち着いて会話をしながら、楽しく遊ぶ。 人間 言葉	● 声かけにより気持ちを切りかえ、納得してスムーズに次の行動に移る。 言葉
● 強い口調になってしまったときは、「優しく言ってね」と声をかけたり、落ち着いて言えるよう、そのつど声かけをしたりする。また、友達に伝えたいという思いを大切に、「○○って言いたかったんだよね」と本児の思いを代弁し、優しく言えたときは十分にほめて自信につなげる。	● 遊びに自分で区切りを付けると、自分から給食を食べにくるので、無理に誘おうとせず「待っているから、終わったら来てね」とゆとりをもって接していくようにしながら、少しずつスムーズに次の行動に移れるように促す。
● くり返し伝えていったが、興奮するとどうしても口調は強くなりがちなので、こちらも今以上に本児におだやかな口調で接するように心がけたい。優しく思いを伝えているときには、「優しく言えたね」「こういう感じでお話しするとお友達も嬉しいね」などの声をかけながら、自信につなげたい。	● 本児の気持ちを大切にしながら、ゆとりをもって接していったことで満足したようで、「やだ」と言うことも減り、スムーズに次の行動に移れるようになった。今後もこのような姿をたくさんほめて、意欲的に次の行動に移れるようにしたい。

Part 3 指導計画

3月 個人案

事故防止チェックリスト

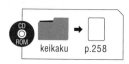

チェックした日　　月　　日

1	子どもの遊んでいる位置や人数を確認している。	☐
2	遊具の安全を確認している。また、固定遊具を使用するときは、そばに付いている。	☐
3	玩具を持ったまま、カバンをかけたまま、固定遊具で遊ばせることはない。	☐
4	固定遊具に多くの子どもが集まり、押し合いなどしないように注意している。	☐
5	揺れているブランコには近づかないように注意している。	☐
6	子どもが敷居や段差のあるところを歩くときは、つまずかないように注意している。	☐
7	階段や玄関などの段差のあるところに、子どもが一人で行くことはない。	☐
8	階段を上がり下りするときは、子どもの下側を歩くか、手をつないでいる。	☐
9	子どもが大きな物を持って移動するときは、付き添うようにしている。	☐
10	子どもの腕を強く引っ張らないように注意している。	☐
11	肘内障を起こしやすい子ども、アレルギーや家庭事情など配慮を要する子どもを全職員が把握している。	☐
12	手にけがをしていたり、手がふさがったりしているときは、特にバランスが取りにくく、転びやすいので注意している。	☐
13	室内、室外で角や鋭い部分にはガードがしてある。	☐
14	椅子に立ち上がるなど、椅子を玩具にして遊ばないよう注意している。	☐
15	ロッカーや棚は倒れないよう転倒防止策を講じている。	☐
16	午睡中は、ある程度の明るさを確保し、子どもの眠っている様子や表情の変化に注意している。	☐
17	ドアを開閉するとき、子どもの手や足の位置を確認している。	☐
18	ドアのちょうつがいに手を入れないよう注意している。	☐
19	子どもが引き出しやドアを開け閉めして遊ばないよう注意している。	☐
20	室内は整理整頓を行い、使用した物はすぐに収納場所に片付けている。	☐
21	はさみやカッターなどの刃物は、使用したら必ず片付けている。	☐
22	コンセントなどに触らないよう注意している。	☐
23	口の中に入ってしまう小さな玩具を手の届くところに置いていない。	☐
24	ネジや玩具の破片など誤飲の原因となる物が落ちていないか確認している。	☐
25	食べ物のかたさや、大きさ、量などを考えて食べさせている。	☐
26	ビニール袋などは、子どもの手の届かないところにしまっている。	☐
27	ひもなどを首にかけないよう注意している。	☐
28	子どもが鼻や耳に小さな物を入れないように注意している。	☐
29	玩具などをくわえて走り回ることがないようにしている。	☐
30	子どもが直接触れてやけどをするような暖房器具は使用していない。子どもが暖房器具のそばに行かないよう気を付けている。	☐
31	床が濡れたらすぐにふきとるようにしている。	☐
32	トイレのレバーを操作するときは手助けをしている。	☐
33	落ち着いて便器に座るように補助している。	☐
34	子どもの足にあった靴か、体にあったサイズの衣類かを確認している。また、靴を正しくはいているか確認している。	☐
35	雨の後など、テラスや園庭の固定遊具が濡れてすべりやすくなっていないか確認している。	☐
36	公園は年齢にあった公園を選び、遊ばせる際には安全に十分気を付けている。	☐
37	砂を口に入れたり、誤って砂が目に入ったりすることがないように、気を付けている。	☐
38	避難用バギーの点検を行い使用するときは、きちんとつかまって立ち、手や体を乗り出さないよう注意している。	☐
39	飼育物と触れ合うときは、そばに付いて注意している。	☐
40	散歩のときは人数確認をする。また、道路では、子どもが飛び出さないように注意している。	☐
41	バケツや子ども用プールなどに、水をためて放置することはない。	☐
42	水遊びをするときは必ず保育者が付き添い、けがや事故のないよう十分注意している。	☐

Part ④

クラス運営の
ヒント

| テンプ
レート | おたより
イラスト | おたより
文例 | マーク・
メダル | メッセージ
フレーム |

おたより

テンプレート

● **クラスだより／A4サイズ**　1-P260

ももぐみ通信

○年○月○日　○○○○園　4月のクラスだより

　ご入園、ご進級おめでとうございます。おうちに帰りたい一心で泣き出すお子様に、不安を感じているご家族も多いことと思います。でもご安心ください。だんだん慣れて、必ず笑顔で登園するようになります。「先生が○○くんを待っているよ」「ウサギさんも○○ちゃん来てねって言ってるよ」など、お子様が園を楽しみにできるような言葉をかけてみてください。

POINT

イラスト罫で項目の区切りをわかりやすくすると、読みやすい紙面に。季節感のあるイラストを選んで。

🐝4月🐝の予定

○月○日（△）入園式
○月○日（△）身体測定
○月○日（△）お誕生会
○月○日（△）保護者会

🐝4月🐝の歌

♪はるがきた
♪ぶんぶんぶん
♪チューリップ
♪ことりのうた

POINT

かざり枠を効果的に使用し、必ず伝えたいことが伝わる紙面に。メリハリを意識して構成します。

健康観察について

　年度初めは緊張から、子どもたちも疲れやすくなっています。ご家庭ではゆっくり休養できるようご協力をお願いします。前日のようす（機嫌、体調、食欲など）は必ず担任にお伝えください。よろしくお願いします。

今年度のももぐみ担任は
○○○○、○○○○です。
よろしくお願いします！

＊＊保護者会のお知らせ＊＊

○月○日（△）に保護者会を行います。詳細については別紙プリントをお渡しいたします。お忙しいとは思いますが、ぜひご参加ください。

毎月のクラスだよりや行事のおしらせなど、保育者にとっておたより作りは欠かせない仕事のひとつです。テンプレートを参考に、保護者に情報が伝わるおたよりを作りましょう。

 otayori → P260-261

● 持ち物のお願い／A5サイズ 1-P261-01

◆◆プールカード記入のお願い◆◆　　○年○月○日　○○○○園

 # プール遊び・水遊びが始まります

　子どもたちが楽しみにしている、プール遊びが始まります。プールカードを配布しますので、体温、朝食、排便の有無、薬の服用の有無、プール遊びの可否などを毎日ご記入のうえ、登園時に提出してください。プール遊びがない日にもホースを使った水遊びなどをすることがあります。天候にかかわらずプールカードは記入して毎日ご持参ください。

> 体を拭きますので、**スポーツタオルを2枚**、ロッカーに入れておいてください（タオルに記名も忘れずお願いします）。

POINT

小さなイラストをタイトルまわりに配置するのもおすすめ。楽しい印象で目を引きましょう。

● 行事のおしらせ／A5サイズ 1-P261-02

 運動会のお知らせ

○年○月○日　○○○○園

　さわやかな秋晴れが続いていますが、○月○日（△）に行われる運動会に向けて、子どもたちは毎日元気いっぱい練習に励んでいます。○○○組の親子競技では、手をつないでフープのコースを越え、最後は吊るしてあるメダルを取ってゴールをしていただきます。

　会場を飾る万国旗作りや前日の飾りつけなど、保護者の方々に準備のお手伝いをお願いしたいと思います。掲示板に詳細を貼り出しますので、ご協力をお願いします。

■日時
○月○日（△）
○時～○時
■場所
○○○○園 園庭
■持ち物
帽子、水筒（お茶又は水）

当日のお願い

・動きやすい服装でご参加ください。

・雨天の場合は延期になります。開催日が変更になる場合は当日朝7時までにご連絡します。

POINT

日時や持ち物などは太字にしたり、文字を大きくしたりして、目立つようにレイアウトします。

Part 4 クラス運営のヒント

おたより

1月 のりすぐみだより

○年○月○日　○○○○園　1月のクラスだより

新年のお慶びを申し上げます。本年も宜しくお願い致します。皆様にとって素晴らしい一年になりますように。年末年始のお休みから、久しぶりに登園してくる子どもたち。お休み中の体験談を、一生懸命にお話をしてくれます。「○○したよ」「○○に行ったよ」。どの笑顔も、はじけそう。子どもたちにとってもとびきりのお休みになったようです。

●今月のねらい●

自分で手洗い場の蛇口を開けたり閉めたりする

今月の予定

○月○日（△）新学期スタート
○月○日（△）お正月遊び体験
○月○日（△）お誕生会
○月○日（△）身体測定

お誕生日おめでとう
まつだゆうとくん
もりたさなちゃん

今月の歌

♪雪
♪おおさむこさむ
♪こんこんクシャンのうた

POINT

季節のイラストをタイトルまわりに使用し、印象的に。毎月違うデザインになるのも楽しいですね。

POINT

子どもの名前や日時などは絶対に間違わないように、複数人で確認するようにしましょう。

※ B4サイズの大きなおたよりは読みやすい配置を心がけ、詰め込みすぎないように構成しましょう。

最近の
りすぐみ
ニュース

落ち葉って楽しい！

お散歩先の公園にはたくさんの色づいた葉っぱが落ちています。両手いっぱいに拾い集めて落ち葉シャワーを楽しんでいます。

お兄さん、お姉さん大好き！

5歳児のお兄さん・お姉さんが遊びに来てくれています。絵本を読んでもらったり、遊びを披露してもらったりと大喜びです。

風邪が流行っています！

寒さが一段と身に染みる季節になりました。空気が乾燥すると、ウイルスが活発になります。乾燥しがちな室内には、ぬれたタオルを干すなど、加湿の工夫をしましょう。

お知らせとお願い

・年間予定表では〇月〇日（△）になっていた身体測定が、〇月〇日（△）に変更になりました。

・やわらかすぎる食べ物はあまりかまずに丸のみしがちです。「モグモグ」「カミカミ」などと声をかけて、咀嚼を促しましょう。

肌着について

室内では暖房をつけて暖かくしていますので、肌着は半袖で大丈夫です。薄着の習慣をつけましょう。また記名も忘れずお願いします。

POINT

最近のクラスの出来事を手短に伝えるコーナーは、保護者に園の活動を知ってもらうのにぴったり。

POINT

イラスト罫を上下に配置すると、内容が目立ちます。注意喚起したいときにぴったりです。

POINT

枠内の余白は目立ってしまうため、季節のイラストを効果的に使用するのがおすすめです。

Part 4 クラス運営のヒント　おたより

CD ROM　otayori → P264

1-P264-04

1-P264-01

1-P264-02

1-P264-03

1-P264-05

1-P264-06

1-P264-07

1-P264-08

1-P264-10

1-P264-11

1-P264-09

1-P264-12

1-P264-13

1-P264-14

1-P264-15

文例

1-P264-16　登園を励まして

おうちに帰りたい一心で泣き出すお子様に、不安を感じているご家族も多いことと思います。でもご安心ください。だんだん慣れて、必ず笑顔で登園するようになります。「先生が○○くんを待っているよ」「ウサギさんも○○ちゃん来てねって言ってるよ」など、お子様が園を楽しみにできるような言葉をかけてみてください。

1-P264-17　新入園

新入園のお友だちを迎えて、にぎやかな毎日です。園生活が楽しく充実したものになるように、職員一同張り切っています。

1-P264-18　少しずつ慣れてます

おうちの方と離れるときには泣くこともありますが、園庭のお花を見たり小鳥小屋をのぞいたりするうちに笑顔に変わります。

1-P264-19　ビデオ懇談会

お子様の園での姿をビデオに撮りました。給食を食べたり、お友だちと遊んだりする姿を見ながら、懇談会を行います。

1-P264-20　内科検診

園医さんによる内科検診がありました。結果は検診票をお渡しいたします。受診が必要な場合は、早めに受診しましょう。

otayori → P265

えんだより

1-P265-04

1-P265-01

1-P265-02

1-P265-03

5月生まれのお友だち

1-P265-05

1-P265-06

1-P265-07

1-P265-08

保育参観

1-P265-09

1-P265-10

1-P265-11

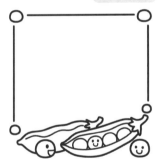

1-P265-12

1-P265-13

1-P265-14

1-P265-15

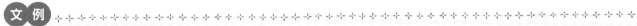

❖ 文 例 ❖

1-P265-16 **こどもの日**

こどもの日は、昔は男の子のお祝いの日でしたが、今では男女関係なく、子どもの成長をお祝いする行事となりました。昔は「端午の節句」や「菖蒲の節句」と呼ばれ、武士の時代になると、菖蒲を「尚武」「勝負」と関連づけて、子どもの出世や健康を願う行事となったようです。親が子どもの成長を願う気持ちは、昔も今も同じなのですね。

1-P265-17 **手作りこいのぼり**

子どもたちの手形をつけたこいのぼりが、青空を気持ちよさそうに泳いでいます。見上げる子どもたちの瞳も輝いています。

1-P265-18 **スプーンでごはん**

以前は、床にこぼすごはんが多かった子どもたち。今ではスプーンですくったごはんを、上手に口に入れることができます。

1-P265-19 **爪のチェックを**

手洗いをしっかりしても、爪の間には汚れがたまりがちです。一週間に一度は爪を点検して、ていねいに切っておきましょう。

1-P265-20 **アリさんこんにちは**

園庭でアリを見つけて目を輝かせていた子どもたち。保育者が「アリさんこんにちは」と言うと、ペコリとお辞儀をしていました。

CD ROM　otayori → P266

1-P266-04

1-P266-01

1-P266-02

1-P266-03

1-P266-05

1-P266-06

1-P266-07

1-P266-08

1-P266-09

1-P266-10

1-P266-11

1-P266-12

1-P266-13

1-P266-14

1-P266-15

文 例

1-P266-16　イチゴ狩り

園庭のプランターでかわいい花を咲かせていたイチゴの苗。先日、ついに真っ赤な実をつけました。子どもが気付く瞬間を心待ちにしていると、「イチゴ！　イチゴだよ！」と、うれしそうに保育者に教えてくれました。たくさん実ったので、クラスでイチゴ狩りを楽しみました。甘酸っぱいイチゴを楽しんだ子どもたち。顔を見合わせて「おいしいね」と会話も弾みました。

1-P266-17　長靴

梅雨に入り、長靴での登園が続いたせいか、子どもたちの間で長靴が大人気！　雨の日以外でも履きたがる子が続出しています。

1-P266-18　雨上がりの散歩

子どもたちは雨上がりのお散歩が大好き。カタツムリや、ケロッケロッと鳴くカエルに出会うたびに、歓声があがります。

1-P266-19　保育参観の報告

参観日の子どもたちは、おうちの方の姿を確認すると安心して遊び始めました。でもちょっと意識しておすまし顔でしたね。

1-P266-20　旬の食材

給食では、地域で収穫される旬の食材をメニューに取り入れています。旬の食材は栄養価も高く、おいしさも抜群です。

CD ROM　otayori → P267

1-P267-04

1-P267-01

1-P267-02

1-P267-03

1-P267-05

1-P267-06

1-P267-07

1-P267-08

1-P267-09

1-P267-10

1-P267-11

1-P267-12　1-P267-13

1-P267-14

1-P267-15

Part 4　クラス運営のヒント　おたより

文例

1-P267-16　プールカード

子どもたちが楽しみにしているプール遊びがいよいよ始まります。プールカードを配布しますので、体温、朝食、排便の有無、薬の服用の有無、プール遊びの可否などを毎日ご記入のうえ、登園時に提出してください。プール遊びがない日にもホースを使った水遊びなどをすることがありますので、天候にかかわらずプールカードは記入して毎日ご持参ください。

1-P267-17　指スタンプで七夕飾り

指先に絵の具をつけて指スタンプをしました。リズミカルな指の動きが複雑な模様に大変身。すてきな七夕飾りになりました。

1-P267-18　初めてのプール遊び

生まれて初めてのプール遊び。顔に水がかかると泣いてしまう子もいますが、少しずつ水に慣れていきたいと思います。

1-P267-19　もうすぐ梅雨明け

梅雨明けも間近となり、じっとりと汗ばむほどの陽気です。晴れた日には、子どもたちは目を輝かせて走り回っています。

1-P267-20　はだしで遊んでいます

朝から気温は急上昇。子どもたちははだしになって、砂場で遊び始めました。水や砂の感触は心を開放してくれます。

CD ROM　otayori → P268

1-P268-04

1-P268-01

1-P268-02

1-P268-03

1-P268-05

1-P268-06

1-P268-07

1-P268-08

1-P268-09

1-P268-10

1-P268-11

1-P268-12

1-P268-13

1-P268-14

1-P268-15

文例

1-P268-16　適度にクーラーを

暑さが続く夏場は、クーラーを使用することがあると思いますが、長時間冷えた室内にいると、体が冷えすぎて、体調を崩しやすくなります。外気温と室温との差は5度以内に設定し、時々外気を入れて、冷えすぎないように気配りしましょう。また、冷たい食べ物や飲み物は胃を冷やし働きを弱らせます。子どもたちの食生活にもご注意ください。

1-P268-17　風鈴の音色

窓辺に飾った風鈴が、「チリン、チリン」と涼しげな音を立てています。お昼寝の子どもたちに、優しく風の子守唄を歌っているようです。

1-P268-18　プール遊び

プール遊びが始まって、はじめは緊張気味だった子どもたちも、もうすっかり水と仲よしに。笑い声と歓声があふれています。

1-P268-19　夏祭りのプレゼント

夏祭りには楽しい企画がいっぱい。屋台だけでなく、ご参加いただいた皆様にすてきなプレゼントもご用意しています。

1-P268-20　夏野菜

太陽をいっぱい浴びた夏の恵みが、おいしい時期になりました。夏野菜には、夏を元気に乗り切るための栄養がつまっています。

9月

CD ROM | otayori → P269

お誕生日会のお知らせ

1-P269-04
1-P269-01
1-P269-02
1-P269-03
1-P269-05
1-P269-06
1-P269-07
1-P269-08
1-P269-09
1-P269-10
1-P269-11
1-P269-12
1-P269-13
1-P269-14
1-P269-15

文例

1-P269-16　お散歩へでかけよう

ようやく残暑も和らぎ、気持ちよくお散歩を楽しめる季節となりました。お散歩へ出かける準備を生活の中で繰り返していくと、自ら準備をしたり、お友だちと手を繋いで待ったりする姿が見られるようになりました。ご家庭でもお散歩へ出かける際には、「さあ、お散歩に出かけようね」と声をかけてみて下さい。子どもたちの張り切る姿が見られるかも知れません。

1-P269-17　秋のかけっこ

秋の優しい日差しに変わってきたので園庭でかけっこを楽しみました。秋の自然の中で体を動かし、足取りも軽やかです。

1-P269-18　お月見団子作り

子どもたちが丸めた大小のお月見団子。お皿に積み上げてススキといっしょに飾ると、見事なお月見飾りに歓声があがりました。

1-P269-19　栄養バランスを整えて

お子さんが苦手な食品は、調理方法を変える、同じ栄養素を含む別の食品に変えるなど、栄養バランスを整える工夫をしましょう。

1-P269-20　新車へお乗り換え

足けりの乗用玩具を乗りこなし、ドライブを楽しんでいた子どもたち。新しい三輪車の登場に大喜びしています。

Part 4 クラス運営のヒント

おたより

269

CD ROM
otayori → P270

運動会 のお知らせ
1-P270-04

1-P270-01

1-P270-02

1-P270-03

1-P270-05

1-P270-06

1-P270-07

1-P270-08

NG
1-P270-11

1-P270-09

1-P270-10

10月
1-P270-12

1-P270-13

1-P270-14

1-P270-15

文例

1-P270-16 **成長の秋**

秋も深まり、園生活にも落ち着いたなごやかな雰囲気が感じられます。給食を残さずに最後まで一人で食べたり、外遊びを活発に行ったり、汚れた服を自分で着替えたりする姿も見られるようになりました。好きな絵本を友だちと読み合っていることもあります。食欲の秋、スポーツの秋、芸術の秋…、秋とともに子どもたちは成長しています。

1-P270-17 **ハロウィン**

カボチャのおばけを飾った保育室で、子どもたちはとんがり帽子をかぶった魔法使いに変身!　かわいい姿を写真に撮りました。

1-P270-18 **読書の秋**

絵本の読み聞かせでは、初めはちょっと落ち着かなかった子どもたちも、いつの間にかストーリーに引き込まれていました。

1-P270-19 **人形劇鑑賞**

子どもたちに大人気の○○人形劇団がやってきます。登場人物といっしょに歌ったり、応援したり…。とっても楽しみですね。

1-P270-20 **お手伝いをお願いします**

会場を飾る万国旗作りや飾りつけなど、保護者の方々に準備のお手伝いをお願いしたいと思います。ご協力をお願いします。

CD ROM　otayori → P271

えんだより

1-P271-04

11月生まれのお友だち

1-P271-01
1-P271-02
1-P271-03
1-P271-05
1-P271-06
1-P271-07
1-P271-08
1-P271-09
1-P271-10
1-P271-11
1-P271-12
もうすぐ冬
1-P271-13
1-P271-14
1-P271-15

文例

1-P271-16　松ぼっくり

散歩先の公園で、保育者が松ぼっくりを拾って「かたいね」と手渡すと、ちいさな手のひらに松ぼっくりをのせて、「かたいね」と言いながら、もう片方の手で触感を味わった子どもたち。次に、どんぐりを拾って、尖った先端に触れて「チクチクするよ」と伝えながら手渡すと、そ〜っと触れて肩をすくめる表現を見せていました。初めての触感を大切に感じています。

1-P271-17　お返事「アイ!」

名前を呼ぶと、大きな声で「アイ!」と返事ができるようになりました。笑顔で返事をしてくれる姿が、とてもかわいらしいです。

1-P271-18　スプーン練習中

自分でスプーンを口に運ぶとき、「あーん」と声をかけるとタイミングよく口を開くことができます。ただ今、スプーン練習中です。

1-P271-19　親子工作

○日の保育参観では、「親子で船作り」をします。牛乳パックを使った簡単な工作です。お子様といっしょにお楽しみください。

1-P271-20　泡が茶色!

砂や泥がついた手を、泡のハンドソープで洗う子どもたち。「泡が茶色だ」。手を綺麗にしながら、泡の変化に気付きました。

CD ROM　otayori → P272

えんだより

1-P272-04

1-P272-01

1-P272-02

1-P272-03

1-P272-05

1-P272-06

1-P272-07

1-P272-08

1-P272-09

1-P272-10

1-P272-11

12月

メリークリスマス

1-P272-12

1-P272-13

1-P272-14

1-P272-15

✧✧✧ 文例 ✧✧✧

1-P272-16　大きくなった会

園行事「大きくなった会」の日が近付いてきました。1歳児は、日々の保育で親しんでいる大好きな絵本「だるまさん」を、お父さん・お母さんといっしょに大きな舞台で披露したいと思います。「だるまさん」のストーリーに合わせてピアノの音と共に体を動かしたり、リズム遊びを体験したりして、思い思いに表現することを楽しんでいます。

1-P272-17　動物紙芝居

最近の子どもたちは、動物紙芝居がお気に入り。大好きな動物が出てくると手をたたき、全身でうれしさを表現しています。

1-P272-18　雪とふれあい

雪の降った翌日、みんなで真っ白な園庭へ。初めての雪を、じっとながめたり、そっと触ったりして、思い思いに楽しみました。

1-P272-19　保育者の人形劇

今年のクリスマス会では、子どもたちの歌や劇のほか、保育者による人形劇があります。ただ今、猛練習中です。お楽しみに!

1-P272-20　ファスナーにも挑戦

外遊びの際に自分の上着を自分で見つけ、着ようとしています。ファスナー上げにも見よう見まねで挑戦です。

CD ROM　otayori → P273

1-P273-04

1-P273-01

1-P273-02

1-P273-03

1-P273-05

1-P273-06

1-P273-07

1-P273-08

1-P273-09

1-P273-10

1-P273-11

1-P273-12　1-P273-13

1-P273-14

1-P273-15

文例

1-P273-16　新年のあいさつ

新年のお慶びを申し上げます。本年もよろしくお願いいたします。皆様にとって素晴らしい一年になりますように。年末年始のお休みから、久しぶりに登園してくる子どもたち。お休み中の体験談を、一生懸命にお話をしてくれます。「○○したよ」「○○に行ったよ」。どの笑顔も、はじけそう。子どもたちにとってもとびきりのお休みになったようです。

1-P273-17　加湿の工夫を

空気が乾燥すると、ウイルスが活発になります。乾燥しがちな室内には、ぬれたタオルを干すなど、加湿の工夫をしましょう。

1-P273-18　かむ練習

やわらかすぎる食べ物はあまりかまずに丸のみしがちです。「モグモグ」「カミカミ」などと声をかけて、咀嚼を促しましょう。

1-P273-19　落ち葉のシャワー

お散歩先の公園にはたくさんの色づいた葉っぱが落ちています。両手いっぱいに拾い集めて落ち葉シャワーを楽しみました。

1-P273-20　お兄さん・お姉さん

5歳児のお兄さん・お姉さんが遊びに来てくれています。絵本を読んでもらったり、遊びを披露してもらったりと大喜びです。

CD ROM　otayori → P274

えんだより

1-P274-04

1-P274-01

1-P274-02

1-P274-03

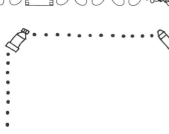
1-P274-05

1-P274-06

1-P274-07

1-P274-08

1-P274-09

1-P274-10

1-P274-11

1-P274-12　1-P274-13

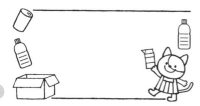
1-P274-14

1-P274-15

文例

1-P274-16　節分の由来

節分とは本来季節の変わり目をさす言葉ですが、今では主に立春の前の日、その日に行う豆まき、という意味で使われています。古くは中国から伝わった、「追儺（ついな）」という邪気を追い払う儀式が始まりとされているようです。園でもおにのお面を製作活動で作ったり、子どもたちと豆をまいたりしながら、それぞれの「おに」を払いたいと思っています。

1-P274-17　おしゃべり

梅の花がほのかに香って春の訪れを感じます。子どもたちのおしゃべりも、小鳥のさえずりのように明るく響いています。

1-P274-18　ふかふかおふとん

子どもたちは、干したてのおふとんが大好き。おふとんをくるくる巻いて、「のりまき〜」の遊びが流行中です。

1-P274-19　小さくなったものの寄付を

年度の終わりを迎え、小さくなった上履きや園服を園に寄付していただけませんか。着替え、洗い替えに活用します。

1-P274-20　お面の製作

たんぽを使って、それぞれの画用紙に絵の具を付けました。保育者がおにの髪の形に切り取ると、子どもたちも大喜び!

えんだより

1-P275-01

1-P275-02

1-P275-03

3月生まれのお友だち
1-P275-04
1-P275-05

1-P275-06

1-P275-07

1-P275-08

1-P275-09

1-P275-10

1-P275-11

3月　もうすぐ大きい組
1-P275-12
1-P275-13

1-P275-14

1-P275-15

文 例

1-P275-16　新年度も素敵な笑顔で

一年間、協力してくださった保護者の皆様、ありがとうございました。そして、元気に園に通ってきてくれた子どもたち、本当に大きく成長した一年でした。体を動かしてよく遊び、大きな声で歌を歌い、友だちといっしょによく考え、表情豊かに泣いたり笑ったり、変化に富んだ毎日でした。新年度も元気な笑顔で、もっともっと大きくなあれ!

1-P275-17　桜のつぼみ

桜のつぼみが大きくふくらみ始めました。子どもたちも大きく深呼吸。心は未来の希望に向かって走り出しているようです。

1-P275-18　まねっこ上手

手遊びで「あたま、かた、ひざ、ポン」と歌いながら手を動かし、ポンで手をたたくと、上手にまねっこができるようになりました。

1-P275-19　保護者の協力に感謝

子どもたちの「おはよう!」の声と、ピカピカの笑顔。保護者の皆様のご協力に支えられた一年でした。ありがとうございました。

1-P275-20　初めてののり遊び

これまでは絵の具の感触あそびを楽しんでいましたが、のりに初めて触ってびっくり。「気持ちいい〜!」と大喜びです。

クラス運営のヒント

おたより

275

マーク・メダル

1-P276-01

1-P276-02

1-P276-03

1-P276-04

1-P276-05

1-P276-06

1-P276-07

1-P276-08

1-P276-09

1-P276-10

1-P276-11

1-P276-12

1-P276-13

1-P276-14

1-P276-15

1-P276-16

1-P276-17

1-P276-18

1-P276-19

1-P276-20

1-P276-21

1-P276-22

1-P276-23

メッセージフレーム

1-P277-01

1-P277-02

1-P277-03

1-P277-04

1-P277-05

1-P277-06

コピー用
型紙

44ページからの製作あそび、52ページからの壁面かざりの型紙です。必要な大きさにコピーをして、ご活用ください。「seisaku00-00」は、CD-ROMに収録しているPDFのファイル名・フォルダ名・フォルダ名です。

P.44　たんぽで作るヒヨコ

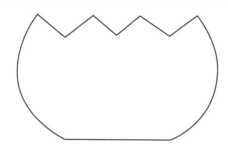

殻　seisaku44-01

P.44　ぐるぐる描きチューリップ

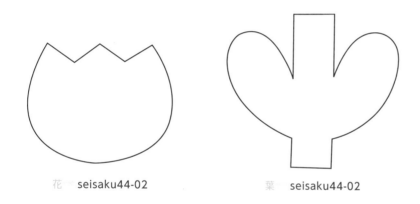

花　seisaku44-02

葉　seisaku44-02

P.46　ふんわりアジサイ

P.46　足形のモビール

しずく
seisaku46-01

カエル　seisaku46-01

葉　seisaku46-01

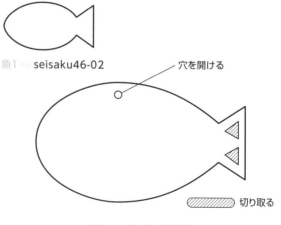

魚1　seisaku46-02

穴を開ける

切り取る

魚2　seisaku46-02

P.47 指スタンプの織姫・彦星

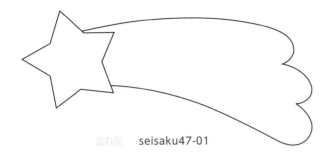

流れ星　seisaku47-01

顔(織姫)　seisaku47-01　　顔(彦星)　seisaku47-01

P.48 たんぽでブドウ

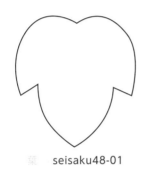

葉　seisaku48-01

P.49 スタンプのブーツ

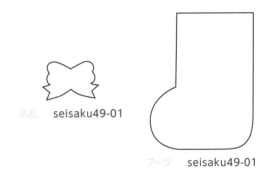

名札　seisaku49-01　　　　ブーツ　seisaku49-01

P.49 お花紙の雪だるま

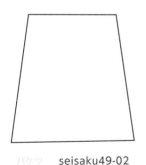

バケツ　seisaku49-02　　てぶくろ　seisaku49-02

P.50 お絵かき豆入れ

名札　seisaku50-01

P.51 共通

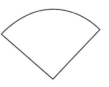

花　seisaku51-01　　扇　seisaku51-01　　冠　seisaku51-01　　しゃく　seisaku51-01　　烏帽子　seisaku51-01

P.52　ツクシを見つけたよ

葉と茎1 →
hekimen52-01

葉と茎2 →
hekimen52-01

草 →
hekimen52-02

雲1 →
hekimen52-02

チョウチョウ
hekimen52-03

ツクシ2
hekimen52-04

雲2 → hekimen52-03

茎 →
hekimen52-02

ツクシ1
hekimen52-04

ネズミ hekimen52-05

リス hekimen52-06

丘 → hekimen52-07

※ 丘は、200%に拡大するとほかとのバランスがとれます。

クマ hekimen52-08

ウサギ hekimen52-09

P.52　虹色シャボン玉

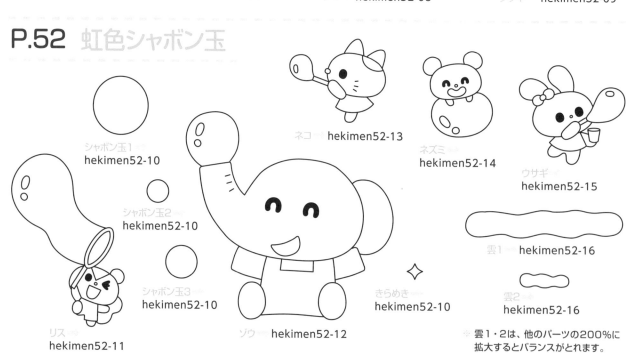

シャボン玉1 →
hekimen52-10

シャボン玉2 →
hekimen52-10

シャボン玉3 →
hekimen52-10

ネコ → hekimen52-13

ネズミ →
hekimen52-14

ウサギ →
hekimen52-15

雲1 → hekimen52-16

雲2 →
hekimen52-16

きらめき →
hekimen52-10

リス →
hekimen52-11

ゾウ hekimen52-12

※ 雲1・2は、他のパーツの200%に
拡大するとバランスがとれます。

P.53 お花畑の虫たち

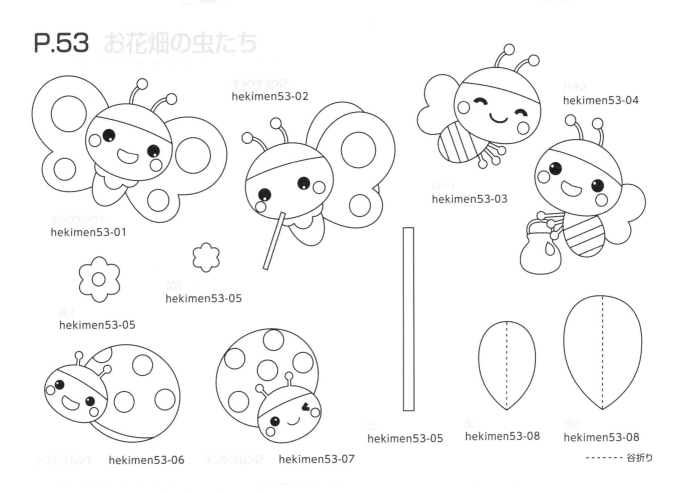

チョウチョウ2
hekimen53-02

ハチ2
hekimen53-04

ハチ1
hekimen53-03

チョウチョウ1
hekimen53-01

花2
hekimen53-05

花1
hekimen53-05

hekimen53-05

茎
hekimen53-05

葉1
hekimen53-08

葉2
hekimen53-08

テントウムシ1   hekimen53-06

テントウムシ2   hekimen53-07

------- 谷折り

P.53 イチゴがたくさん！

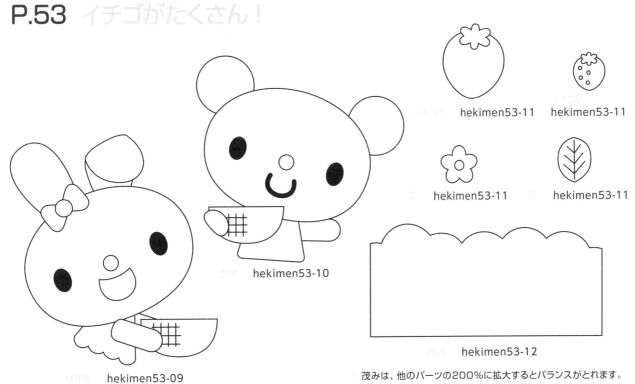

hekimen53-11

イチゴ2
hekimen53-11

クマ   hekimen53-10

イチゴ1

花
hekimen53-11

葉
hekimen53-11

ウサギ   hekimen53-09

茂み   hekimen53-12

茂みは、他のパーツの200%に拡大するとバランスがとれます。

281

P.54 雨の日のアジサイ

てるてるぼうず
hekimen54-01

カエル　hekimen54-01

しずく
hekimen54-01

カタツムリ1
hekimen54-01

カタツムリ2　hekimen54-01

葉　hekimen54-01

アジサイ　hekimen54-01

窓と子どもたち　hekimen54-02

P.54 キラキラ花火

花火の線1
hekimen54-03

花火の線2
hekimen54-03

星
hekimen54-03

花火1　hekimen54-04

花火2　hekimen54-04

※ 花火1、2は、他のパーツの200％に拡大するとバランスがとれます。

子ども1　hekimen54-05

子ども2　hekimen54-06

子ども3　hekimen54-07

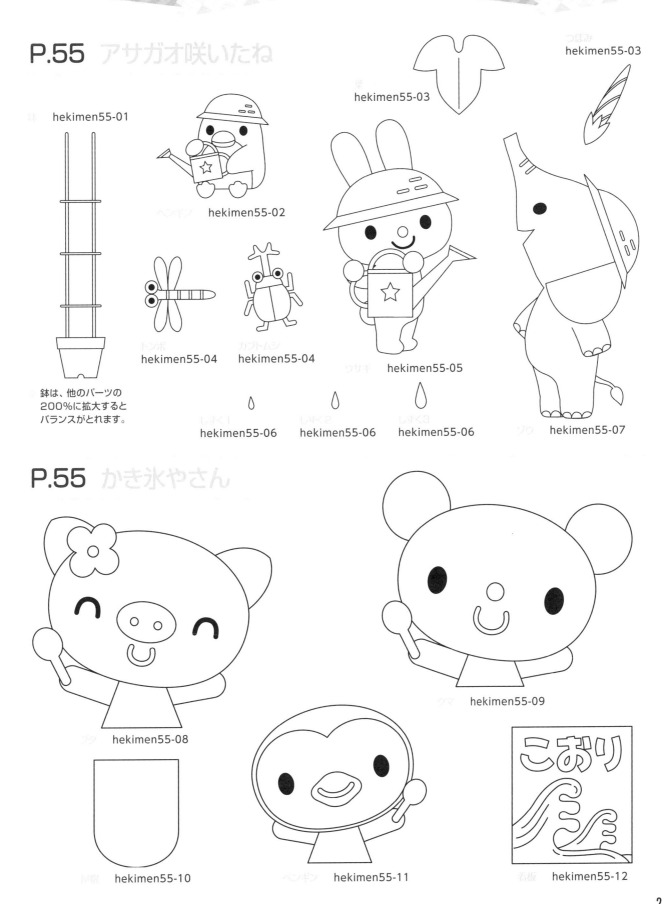

P.55 アサガオ咲いたね

株 hekimen55-01

ヘンギン hekimen55-02

トンボ hekimen55-04 カブトムシ hekimen55-04

葉 hekimen55-03

つぼみ hekimen55-03

ウサギ hekimen55-05

ゾウ hekimen55-07

しずく1 hekimen55-06 しずく2 hekimen55-06 しずく3 hekimen55-06

鉢は、他のパーツの
200%に拡大すると
バランスがとれます。

P.55 かき氷やさん

ブタ hekimen55-08

クマ hekimen55-09

はた hekimen55-10 ヘンギン hekimen55-11 看板 hekimen55-12

P.56 お月見パーティー

星 hekimen56-01

雲 hekimen56-01

月とウサギ hekimen56-01

お団子1 hekimen56-03

お団子2 hekimen56-03

お団子3 Dhekimen56-03

タヌキ2 hekimen56-02

クマ hekimen56-04

リス hekimen56-05

タヌキ1 hekimen56-06

ススキの茎 hekimen56-03

山 hekimen56-08

お団子4 hekimen56-07

草1 hekimen56-03

草2 hekimen56-08

※ 草2、お団子4、山は、他のパーツの150%に拡大するとバランスがとれます。

P.56　コスモスに包まれて

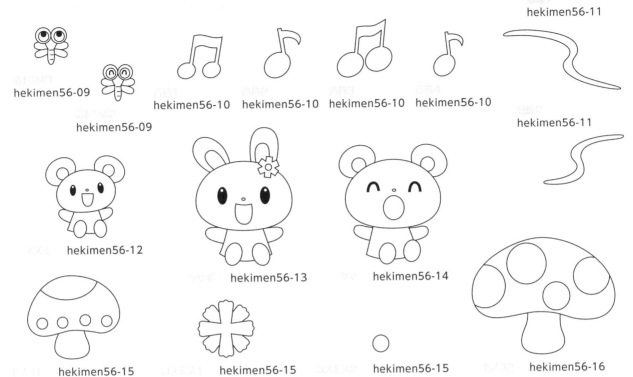

hekimen56-09

hekimen56-09

hekimen56-10

hekimen56-10

hekimen56-10

hekimen56-10

hekimen56-11

hekimen56-11

hekimen56-12

hekimen56-13

hekimen56-14

hekimen56-15

hekimen56-15

hekimen56-15

hekimen56-16

P.57　♪コブタヌキツネコ

hekimen57-01

hekimen57-02

hekimen57-03

hekimen57-04

hekimen57-05

hekimen57-05

hekimen57-05

hekimen57-06

hekimen57-06

hekimen57-06

hekimen57-06

hekimen57-06

------ 谷折り

P.57 ブドウとれるかな?

ブドウの葉
hekimen57-07

リス → hekimen57-08

ブドウ
hekimen57-07

ウサギ → hekimen57-09

かごとブドウ
hekimen57-10

クマとイヌ
hekimen57-11

P.58 クリスマスの夜

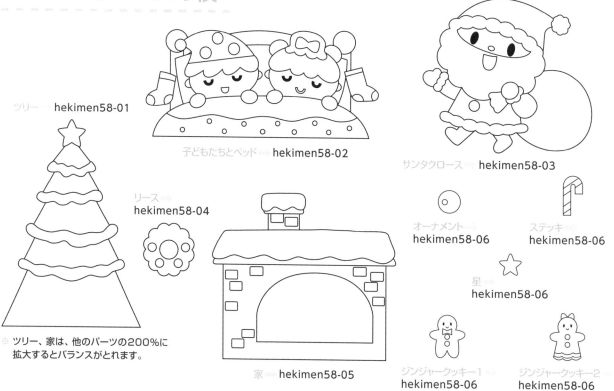

ツリー → hekimen58-01

子どもたちとベッド → hekimen58-02

サンタクロース → hekimen58-03

リース →
hekimen58-04

オーナメント → hekimen58-06

ステッキ → hekimen58-06

星
hekimen58-06

※ ツリー、家は、他のパーツの200%に
拡大するとバランスがとれます。

家 hekimen58-05

ジンジャークッキー1
hekimen58-06

ジンジャークッキー2
hekimen58-06

P.58 バイキンをやっつけろ！

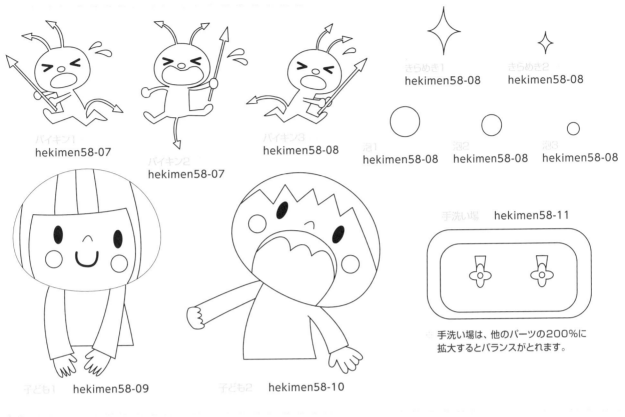

バイキン1
hekimen58-07

バイキン2
hekimen58-07

バイキン3
hekimen58-08

きらめき1
hekimen58-08

きらめき2
hekimen58-08

泡1
hekimen58-08

泡2
hekimen58-08

泡3
hekimen58-08

子ども1　hekimen58-09

子ども2　hekimen58-10

手洗い場　hekimen58-11

手洗い場は、他のパーツの200%に
拡大するとバランスがとれます。

P.59 ♪おもちゃのチャチャチャ

ブタ　hekimen59-02

星1
hekimen59-01

星2
hekimen59-01

丸
hekimen59-01

ヒツジ
hekimen59-01

人形　hekimen59-03

ネコ　hekimen59-04

兵隊　hekimen59-05

P.59 カラフルてぶくろ

てぶくろ1　hekimen59-06

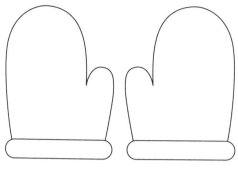

てぶくろ2　hekimen59-06

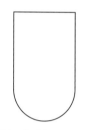

屋根　hekimen59-07

※ 屋根は、他のパーツの
200%に拡大すると
バランスがとれます。

レンガ　hekimen59-08

ハート　hekimen59-08

星　hekimen59-08

きらめき　hekimen59-08

鳥　hekimen59-08

文字　hekimen59-08

子ども1　hekimen59-09

子ども2　hekimen59-10

CD-ROM をご使用の前に

CD-ROMには、製作あそびと壁面かざりの型紙（PDF）、指導計画（Word）、おたより（テンプレート：Word、イラスト：jpg、文例：テキスト）が入っています。

使用許諾について

- 本書掲載およびCD-ROM収録の製作アイデアと壁面かざりの型紙、指導計画、イラスト、文例の著作権・使用許諾権・商標権は、弊社および著作権者に所属します。
- 本書掲載およびCD-ROM収録の製作アイデアと壁面かざりの型紙、指導計画、イラスト、文例は、営利目的では使用できません。ご購入された個人または法人が営利を目的としない場合のみ、ご利用できます。ただし、以下のことを順守してください。
- 園児募集などのPRを目的としたポスター、園バスのデザイン、物品に印刷しての販促の利用や販売すること、私的利用を含めたホームページに使用することはできません。また、ほかの出版物、企業のPR広告、企業や店のマークなどへの使用もできません。
- 本書掲載およびCD-ROM収録の製作アイデアと壁面かざりの型紙、指導計画、イラスト、文例を複製し、第三者に譲渡・販売・貸与・頒布（放送やインターネットを通じたものも含む）することは禁じられています。

CD-ROMの取り扱いについて

- 付属のCD-ROMをご使用いただくには、お使いのパソコンにCD-ROMドライブ、またはCD-ROMを読み込めるDVD-ROMドライブが装備されている必要があります。
- CD-ROMの裏面に傷をつけると、データが読み取れなくなる可能性がありますので、取り扱いには十分ご注意ください。

注意事項について

- 付属のCD-ROMに収録されているデータの使用方法についてのサポートは行っておりません。
- 付属のCD-ROMを使用したことにより生じた損害、障害、その他いかなる事態にも、弊社は一切責任を負いません。

※Windows、Microsoft Office Wordなどは、米国Microsoft Corporationの登録商標です。本書では、商標登録マークなどの表記は省略しています。

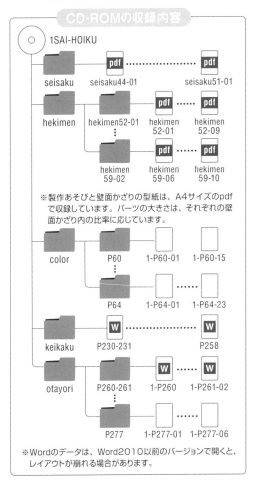

CD-ROMの収録内容

○ 1SAI-HOIKU

seisaku — seisaku44-01 …… seisaku51-01

hekimen — hekimen52-01 → hekimen52-01 …… hekimen52-09
hekimen59-02 → hekimen59-06 …… hekimen59-10

※製作あそびと壁面かざりの型紙は、A4サイズのpdfで収録しています。パーツの大きさは、それぞれの壁面かざり内の比率に応じています。

color — P60 — 1-P60-01 …… 1-P60-15
P64 — 1-P64-01 …… 1-P64-23

keikaku — P230-231 …… P258

otayori — P260-261 — 1-P260 …… 1-P261-02
P277 — 1-P277-01 …… 1-P277-06

※Wordのデータは、Word2010以前のバージョンで開くと、レイアウトが崩れる場合があります。

「CD-ROMの使い方」は、CD-ROM内のPDFを開いてご確認ください。

● 監修・執筆

横山洋子（よこやま ようこ）

千葉経済大学短期大学部こども学科教授。国立大学附属幼稚園、公立小学校勤務ののち現職。著書は『保育の悩みを解決！ 子どもの心にとどく指導法ハンドブック』、『CD-ROM付き 子どもの育ちを伝える幼稚園幼児指導要録の書き方&文例集 第2版』（以上ナツメ社）、『根拠がわかる！ 私の保育総点検』（中央法規出版）など多数。

本書に関するお問い合わせは、書名・発行日・該当ページを明記の上、下記のいずれかの方法にてお送りください。電話でのお問い合わせはお受けしておりません。
・ナツメ社webサイトの問い合わせフォーム
　https://www.natsume.co.jp/contact
・FAX（03-3291-1305）
・郵送（下記、ナツメ出版企画株式会社宛て）
なお、回答までに日にちをいただく場合があります。正誤のお問い合わせ以外の書籍内容に関する解説・個別の相談は行っておりません。あらかじめご了承ください。

ナツメ社Webサイト
https://www.natsume.co.jp
書籍の最新情報（正誤情報を含む）は
ナツメ社Webサイトをご覧ください。

CD-ROM付き 子どもの力が伸びる
1歳児の保育 12か月

2020年3月5日 初版発行
2024年2月20日 第4刷発行

監修者　横山洋子　　　　　　　Yokoyama Yoko,2020
発行者　田村正隆
発行所　株式会社ナツメ社
　　　　東京都千代田区神田神保町1-52
　　　　ナツメ社ビル1F（〒101-0051）
　　　　電話　03（3291）1257（代表）
　　　　FAX　03（3291）5761
　　　　振替　00130-1-58661
制　作　ナツメ出版企画株式会社
　　　　東京都千代田区神田神保町1-52
　　　　ナツメ社ビル3F（〒101-0051）
　　　　電話　03（3295）3921（代表）
印刷所　図書印刷株式会社

ISBN978-4-8163-6793-9

Printed in Japan

［巻頭カラー特集］
● 「1歳児の保育12か月」でレッツ保育！　漫画／野田節美　写真協力／社会福祉法人正愛会南船橋保育園
● 0〜2歳児の発達を知ろう　執筆／西坂小百合（共立女子大学家政学部児童学科 教授）　イラスト／喜多村素子
● 1歳児のケア&生活　撮影協力／社会福祉法人東京児童協会江東区白河かもめ保育園、日本大学認定こども園　撮影／矢部ひとみ　イラスト／石崎伸子
● 0.1.2歳児 保育のキホン／「指導計画」の立て方　執筆／横山洋子（千葉経済大学短期大学部こども学科教授）　イラスト／ささきともえ
● 製作あそび 取り組み方のヒント　指導／宮地明子　イラスト／ホリナルミ
● 製作あそび　プラン・製作／町田里美、宮地明子　撮影／林均、宮地岩根　作り方イラスト／くるみれな、つかさみほ
● 壁面かざり　プラン・製作／うえはらかずよ、くるみれな、渡守武裕子、藤沢しのぶ、マメリツコ、やのちひろ　撮影／林均
● おたよりイラスト／マーク・メダル　イラスト／うえはらかずよ、蔵澄咲帆、とみたみはる、miyako 、みさきゆい

［PART1 クラスづくり］
● 保育の見通し／環境構成／保育者の援助　執筆／社会福祉法人東京児童協会江東区白河かもめ保育園（副園長 原 麻美子、五十嵐沙恵子、外山さやか、鳴澤稀亜良）　漫画／ヤマハチ　イラスト／とりうみゆき、Meriko 、ささきともえ　写真協力／社会福祉法人東京児童協会江東区白河かもめ保育園　撮影／矢部ひとみ
● 今月のねらい／チェックポイント　執筆／横山洋子（千葉経済大学短期大学部こども学科教授）　写真協力／社会福祉法人正愛会南船橋保育園
● あそび　あそびプラン／浅野ななみ、きのいい羊達、頭金多絵、栁澤秋孝、栁澤友希、渡辺リカ　イラスト／有栖サチコ、菊地清美、くるみれな、坂本直子、Meriko
● 手あそび うたあそび　選曲／阿部直美　イラスト／くるみれな、鹿渡いづみ、つかさみほ、みさきゆい　楽譜浄書／長尾純子
● 絵本　選書／遠藤裕美
● 読み取ろう子どもの育ち　執筆／江口マミ子（日本大学認定こども園 園長）　イラスト／石川元子

［PART2 保護者対応］
執筆／太田富美枝（社会福祉法人正愛会南船橋保育園 園長）
イラスト／コダシマアコ

［PART3 指導計画］
● 年間指導計画、個人案、事故防止チェックリスト　執筆・協力／千葉県浦安市立高洲保育園　イラスト／石崎伸子　協力／東京都世田谷区 子ども・若者部 保育課

［PART4 クラス運営のヒント］
おたよりイラスト／イシグロフミカ、うえはらかずよ、おおたきょうこ、大月季巳江、北村由紀、熊本奈津子、蔵澄咲帆、瀬戸めぐみ、たかしまよーこ、田中なおこ、どうまんかずのり、とみたみはる、ナシエ、福島幸、町田里美、みさきゆい、miyako 、Meriko 、やまざきかおり、わたなべふみ　文例執筆／浅野ななみ、原麻美子（社会福祉法人東京児童協会江東区白河かもめ保育園 副園長）